Was kostet Grafik-Design?

Vergütung für Visuelle Kommunikation

2. überarbeitete Auflage 2000
© 1999 Verlag form GmbH,
Frankfurt am Main
ISBN 3-931317-29-3
Alle Rechte vorbehalten

Gestaltung:
Susanne Baumgarten
CBCD Cool Blue Corporate Design GmbH,
Frankfurt am Main

Lektorat:
Dr. Frank Zimmer

Druck:
Franz W. Wesel, Druckerei und
Verlag GmbH & Co. KG, Baden-Baden

Die Deutsche Bibliothek –
CIP-Einheitsaufnahme
Was kostet Grafik-Design?
Vergütung für Visuelle Kommunikation/
[Heide Hackenberg]. – Frankfurt am Main:
Verl. form, 1999
ISBN 3-931317-29-3

Was kostet Grafik-Design?

Vergütung für Visuelle Kommunikation

Verlag form

Fachliche Beratung: Lutz Hackenberg
Rechtliche Beratung: Dr. jur. Axel Nordemann

Inhalt

Inhalt

8		Vorwort
10		Einleitung
12	**1.**	**Auftragserteilung und Bestätigung**
12	1.1	Schwierigkeiten in der Auftragsphase
14	1.2	Wann ist ein Auftrag zustande gekommen?
16	1.3	Wie macht man einen Auftrag „rechtssicher"?
17	1.4	Das Bestätigungsschreiben
20	**2.**	**Allgemeine Vertragsgrundlagen**
21	2.1	Wie werden AVGs Vertragsbestandteil?
22	2.2	Allgemeine Vertragsgrundlagen für Grafik-Design-Leistungen
30	2.3	Welche Paragraphen sind besonders wichtig?
31	2.4	Was passiert, wenn der Auftraggeber eigene AVGs einbringt?
32	2.5	Beratungsleistungen
32	2.6	Sonstige Leistungen
33	2.7	Fälligkeit der Vergütung
34	**3.**	**Design und Urheberrechtsschutz**
35	3.1	Welche Leistungen genießen Urheberschutz?
37	3.2	Das Urheberrecht ist ein Persönlichkeitsrecht
39	3.3	Rechte des Urhebers
42	3.4	Dauer des Urheberrechts
42	3.5	Einräumung von Nutzungsrechten
43	3.6	Beschränkung von Nutzungsrechten

45	3.7	Zweckübertragungsgrundsatz
45	3.8	Urheberrechtsverletzungen
47	3.9	Inspiration oder Plagiat?
48	3.10	Kriterien für die Einräumung von Nutzungsrechten

50	**4. Der individuelle Designvertrag**	
50	4.1	Ein Designauftrag besteht immer aus zwei Stufen
53	4.2	Muster eines individuellen Designvertrages

58	**5. Vergütung von Designleistungen**	
61	5.1	Berechnung der üblichen Vergütung
62	5.2	Bedeutung von Kostenvoranschlägen
62	5.3	Berechnungsgrundlagen der Designverbände
65	5.4	Bemerkung zu den einzelnen Berechnungsbeispielen

68	**6. Berechnungsbeispiele der Designer**	
68	6.1	Anna B. Design
		Grafische Ausstattung für einen Film
72	6.2	Joy Busse
		Internet-Strategiekonzept für den Airport Club Frankfurt
77	6.3	Buttgereit und Heidenreich
		Corporate Design für „mono"
81	6.4	cyclos design
		Konzeption einer Verpackungslinie für Ostmann-Gewürze
84	6.5	Factor Design
		Ausstellungskampagne „Philippe Starck"
87	6.6	Groothuis & Consorten
		Direktwerbung für Christians Druckerei & Verlag
89	6.7	Gesine Grotrian-Steinweg und Fons M. Hickmann
		Multimediaprojekt „www.cairos.de"

95	6.8	Fons M. Hickmann
		Gestaltung des Architekturbuches „Bauten und Projekte"
99	6.9	Jung und Pfeffer
		Plakatserie für die Gemeinde Stuhr
101	6.10	Kitty Kahane
		Illustrationen für eine Image-Broschüre
104	6.11	Ott und Stein
		Plakat „Java-Turm"
106	6.12	Erwin Poell
		Corporate Design für die Stadt Heidelberg
109	6.13	Gunter Rambow
		Plakatserie für „batsu"
111	6.14	Gunter Rambow
		Plakatserie für das Hessische Staatstheater Wiesbaden
113	6.15	Urs Schwerzmann
		Image-Broschüre für ein Softwarehaus
115	6.16	Gerard Unger
		Informations- und Leitsystem für die Stadt Rom
120	6.17	Prof. Kurt Weidemann
		Überarbeitung des Signets „Deutsche Bahn"
		Konzeption und Einführung des DB-Design-Manuals
124	6.18	wir design GmbH
		Corporate-Design-Konzept für Nordzucker

128	**7. Anhang**
128	7.1	Mustergutachten nach AGD und BDG
140	7.2	Verzeichnis der Gesetzestexte
150	7.3	Quellenverzeichnis

| 152 | **8. Adressen** |

Vorwort

Selbständige Designer bewegt seit eh und je ein Thema: Die Kalkulation und Berechnung ihrer Leistungen. Ist es zuviel, wird das Angebot „dankend" abgelehnt, bei einem Zuwenig läuft man Gefahr, sich lächerlich zu machen oder der Vermutung auszusetzen, „kann wohl nichts Besonderes sein". Die richtige Balance zu finden, bereitet vor allem jüngeren Designern häufig Kopfschmerzen.

Hinzu kommen utopische Zahlen von angeblichen Stardesignern, die ohne Bezug zu geleisteter Arbeit herumgeistern und durch ständiges Weitersagen immer utopischer werden. Diese Märchensammlung aufzuräumen und konkrete Anleitung zu leistungsbezogener Berechnung zu geben, ist Sinn und Zweck dieses Buches. Ausführliche Informationen, die sich sofort praktisch umsetzen lassen, werden ergänzt durch eine ganze Reihe von Berechnungsbeispielen namhafter Designbüros.

Die angesprochenen Designer standen der Idee sehr positiv gegenüber und haben uns mit umfangreichem Material unterstützt. Herzlichen Dank allen, die mitgewirkt haben. Einschränkungen gab es hin und wieder bei den Auftraggebern der Designer, die sich der geplanten Transparenz nicht anschließen wollten.

Die Mehrzahl der Auftraggeber hat jedoch unsere Idee unterstützt und die Genehmigung zur Veröffentlichung der Zahlen erteilt. Und dies aus einem einleuchtenden Grund: Auftraggeber sind Kaufleute, und sie erwarten auch von ihren Designern eine plausible und nachvollziehbare Kalkulation ihrer Leistungen.

Dieses Buch ist also vor allem ein Appell an die Kreativen, sich nicht länger hinter ihrer Kreativität zu verstecken, sondern sie wertmäßig zu bemessen. Es macht sie zu einem kompetenten Gesprächspartner für ihre Auftraggeber und ihnen selbst durch die notwendige Sicherheit das Leben leichter.

Heide Hackenberg

Einleitung

Die Kommunikation in eigener Sache ist mitunter ein schwieriges Kapitel unter Kommunikations-Designern, und zwar speziell, wenn es um die Vermittlung von Design-Konditionen und Fragen der Vergütung geht. Da wird vielfach drauflos gearbeitet, ohne die elementarsten Voraussetzungen geklärt zu haben. Das Thema Vergütung kommt häufig erst nach der erbrachten Leistung auf den Tisch. Die Frage der Nutzung wird in vielen Fällen völlig ignoriert, weil sich die Gestalter nicht oder zu wenig mit dem Urheberrecht auskennen oder weil sie einfach einen möglichen Konflikt bei der Erläuterung scheuen.

Ein schwer nachvollziehbares Phänomen, wenn man bedenkt, daß das Urheberrecht die finanzielle Basis der Kreativen und obendrein als personenbezogenes Recht im Gesetz verankert ist.

Zugegeben, auch die Hochschulen machen es sich leicht, denn weder das Thema Vergütung noch rechtliche Vereinbarungen oder Verträge kommen an bundesdeutschen Hochschulen vor, von einigen rühmlichen Ausnahmen abgesehen. Die Vorbereitung auf den künftigen Beruf ist also wenig praxisorientiert. Doch dies ist bei Architekten, Medizinern oder Juristen auch nicht viel besser. Allerdings erleichtert ihnen eine staatlich sanktionierte Gebührenordnung den Griff in die Taschen ihrer Klienten.

Wer sich von den Designern in berufswirtschaftlichen Fragen auskennt, hat häufig Scheu, diese auch beim Kunden anzusprechen. Dabei ist der Kunde Kaufmann, also mit Zahlen vertraut. Er erwartet geradezu von einem Designer, daß er auch das Thema Vergütung erläutert.

Häufig hören wir auch die Ausrede, „Nutzung kann ich hier in …
nicht durchsetzen" oder „Keiner außer mir berechnet eine
Nutzungsvergütung, und mein Kunde würde sie auch nicht zahlen".
Dies ist natürlich meist ein vorgeschobenes Argument, da der
betreffende Designer unsicher ist. Würde er seinem Kunden die
Vorteile erläutern, die er durch eine nutzungsorientierte Rechtseinräumung erwirbt, sähe die Akzeptanz wesentlich anders aus.

Aus unserer langjährigen Beratungspraxis kennen wir die „Knackpunkte" der Designer, wenn es um die Thematisierung berufswirtschaftlicher Fragen geht. Diese Fragen werden wir in diesem
Buch detailliert behandeln und Ihnen die entsprechenden
Argumente zur Durchsetzung und Erläuterung vieler Selbstverständlichkeiten liefern.

Eines sollten Sie allerdings nicht vergessen: Der Preis einer Designleistung ist nicht alles. Entscheidend für die Vergabe eines
Auftrages beziehungsweise den Bestand einer dauerhaften Partnerschaft ist nach wie vor die berühmte „Chemie" zwischen
zwei Partnern. Das heißt, ein Kunde wird sich – wenn er die Wahl
unter mehreren qualifizierten Designern hat – nicht für den
billigsten entscheiden, sondern für den ihm am sympathischsten.

1. Auftragserteilung und Bestätigung

Wenn ein Grafik-Designer seinen ersten selbständigen Auftrag übernimmt, ist zunächst die Freude groß, daß es überhaupt zu einem Auftrag kam. Er arbeitet fleißig drauflos und präsentiert seinen Entwurf, ohne allerdings den Umfang der Leistung und die voraussichtliche Vergütung fixiert zu haben. Durch die Annahme eines Auftrages ist zwar in juristischem Sinn ein Vertrag zustande gekommen. Dem Designer ist dies jedoch in der ersten Auftragseuphorie meist gar nicht bewußt. Daher können schon gleich zu Beginn eine ganze Reihe von Problemen auftauchen.

1.1 Schwierigkeiten in der Auftragsphase

Subjektiv empfundenes Mißverhältnis: Preis/Leistung

Der Entwurf kommt gut beim Auftraggeber an. Da jedoch nicht über Geld gesprochen wurde und der Designer sich auch erst in der letzten Abwicklungsphase „mal so umgehört" hat, nennt er einen Betrag, den der Auftraggeber „illusorisch" findet. „Für die paar Striche so viel Geld" ist eines der beliebtesten Argumente, die leidgeprüfte Designer in dieser Situation schon gehört haben. Es bleibt nun dem Geschick des Designers überlassen, eine halbwegs vertretbare Summe zu erwirken.

Bestreiten eines realen Auftrages

Der Entwurf gefällt nicht, und der Auftraggeber ist enttäuscht von dem Ergebnis. Der Designer registriert das Mißfallen und nennt eine bewußt kleine Summe für die Entwurfsarbeiten. Beliebte

Reaktion in dieser Situation ist das Abstreiten eines vorliegenden Auftrages. „Sie sollten sich lediglich ein paar Gedanken machen" könnte zum Beispiel die Äußerung des Auftraggebers lauten. Der Beweis des Gegenteils ohne konkrete Vereinbarung wird dem Designer schwerfallen. Spätestens jetzt merkt er, daß zur selbständigen Existenz doch mehr gehört als Sportsgeist und kreative Fähigkeiten.

Nachträgliche Briefing-Informationen

Erst bei Vorlage des Entwurfs fallen dem Auftraggeber mindestens drei Punkte auf, die in der vorliegenden Version seiner Meinung nach nicht berücksichtigt wurden (zum Beispiel Hausfarbe, Schrift, Anmutung). Hier hat es der Designer versäumt, einige grundlegende Fragen zu klären, die bei Erstaufträgen oder neuen Kontakten zwingend notwendig sind. In vielen Fällen wird er einen weiteren Entwurf anfertigen müssen, ohne eine zusätzliche Vergütung zu bekommen.

Natürlich kann ein Auftrag auch reibungslos und ohne jegliche Komplikationen über die Bühne gehen. Dies jedoch meist nur dann, wenn bereits vor Auftragsvergabe über Vergütung, Nutzung, die zu erwartende Leistung sowie Termine gesprochen wurde.

Wenn die freiberufliche Tätigkeit eines Designers sinnvoll und auf die Dauer erfolgreich sein soll, müssen drei wesentliche Punkte beachtet werden:

1. Als selbständiger Designer müssen Sie Ihre kreativen Leistungen auch „verkaufen" können, und zwar überzeugend und mit guten Argumenten.

1.

2. Sie sollten die Führung eines Design-Studios – auch wenn es nur ein Einmann/frau-Betrieb ist – unter betriebswirtschaftlichen Aspekten sehen, sonst lähmt der Frust über das finanzielle Defizit Ihr kreatives Potential.

3. Sie müssen die rechtlichen – in bestehenden Gesetzen vorgegebenen – Bedingungen kennen, die mit einer selbständigen Existenz und der Übernahme von Aufträgen verbunden sind.

Je besser Sie informiert sind, um so leichter wird es Ihnen fallen, Ihre Kunden mit der gebotenen ruhigen Sachlichkeit die notwendigen Auskünfte über die Grundlagen eines Designauftrages zu vermitteln. Wer sich nicht auskennt, fängt an zu „schwimmen" und wird seinen Gesprächspartner kaum überzeugen, daß seine Konditionen angemessen, üblich und berechtigt sind.

1.2 Wann ist ein Auftrag zustande gekommen?

Die Aufforderung oder Bitte, eine bestimmte gestalterische Leistung zu erbringen oder sich Gedanken zu einem bestimmten Thema zu machen, ist bereits ein Auftrag. Diese Tatsache sollte einem Designer klar sein und dem Auftraggeber entsprechend signalisiert werden. Auch mündlich erteilte Aufträge sind rechtlich wirksam, wie die tägliche Praxis zeigt.

Wenn ein Designer regelmäßig für eine Werbeagentur arbeitet, der Auftraggeber also sowohl den Gestaltungsstil als auch die Gepflogenheiten der Berechnung kennt, wird er in den seltensten Fällen einen schriftlichen Auftrag erteilen. Kompliziert kann es nur bei einem neuen Kunden werden oder auch bei einem Wechsel des Gesprächspartners. Hat also der Designer einen Auftrag erhalten, so ist – juristisch gesehen – ein Vertrag zustande gekommen. Dieser verpflichtet den Designer zur Ausführung der bestellten Leistung, er verpflichtet aber zugleich den Auftraggeber zur Bezahlung dieser Leistung, unabhängig davon, ob ihm das Ergebnis gefällt oder nicht.

Damit keine Meinungsverschiedenheiten darüber auftreten, ob ein Auftrag zustande kam oder nicht – zum Beispiel, wenn ein Auftraggeber die bestellten Leistungen nun nicht mehr nutzen will – ist es ratsam, die getroffene Vereinbarung kurz zu bestätigen. Diese Bestätigung kann in der Form kurz und knapp gehalten sein und sollte folgende Fakten festhalten:
- Art der Leistung beziehungsweise Beschreibung des Auftrages
- Termin der Fertigstellung
- voraussichtliche Vergütung für Entwurf und Nutzung.

Merkenswert ist auch die folgende Kurzformel:

WER
macht **WAS**
für **WEN**
bis **WANN**
zu welchem **PREIS?**

1.3 Wie macht man einen Auftrag „rechtssicher"?

Ist die Höhe der Vergütung noch nicht abzusehen, sollte zumindest eine Zirkavergütung („Hausnummer") genannt werden, damit der Auftraggeber weiß, womit er rechnen muß. Das anschließende Bestätigungsschreiben enthält die für beide Partner wesentlichen Vertragsbestandteile und ist – wenn nicht unmittelbar widersprochen wird – als Akzeptanz von Seiten des Auftraggebers zu werten.

Bei einem neuen Kunden achten Sie darauf, daß Sie den Zugang nachweisen können, was heutzutage am besten mit einem Fax-Protokoll geht.

Bei Aufträgen von sehr großem Volumen empfiehlt es sich, zusätzlich auch mündlich oder telefonisch noch einmal über den Umfang der Leistung und die voraussichtliche Vergütung zu sprechen, dies jedoch lediglich zur Sicherheit, daß auch die etwas üppigere Summe akzeptiert ist.

Ein Bestätigungsschreiben muß nicht beantwortet werden, da es ja nur die Fakten enthält, die bereits mündlich besprochen wurden. Bei Aufträgen normalen Umfanges kann das Schweigen des Auftraggebers also getrost als Zustimmung gewertet werden.

Ein Bestätigungsschreiben hat aber zum Vorteil des Designers auch rechtliche Konsequenzen: Es verpflichtet den Auftraggeber, falls kein Widerspruch erfolgt, sich an den schriftlich fixierten Vertragsinhalt zu halten. Eine spätere Behauptung, getroffene Vereinbarungen seien nicht korrekt wiedergegeben, wird dem Auftraggeber wenig nützen, da man in der Regel davon ausgeht, daß getroffene Vereinbarungen auch korrekt bestätigt werden.

Daher darf das Bestätigungsschreiben nichts enthalten, was man „noch gern gesagt hätte".

1.4 Das Bestätigungsschreiben

Ein Bestätigungsschreiben kann wie folgt lauten:

Sehr geehrte/r ...

Vielen Dank für das mit Ihnen geführte Gespräch am ... in Ihrem Hause. Wie vereinbart werde ich den geplanten Image-Prospekt erstellen:
- Voraussichtlicher Umfang: 24 Seiten
- Entwurfsvergütung pro Seite DM 600,–
- Fotos und Illustrationen werden gesondert berechnet.

Da der Nutzungsumfang bei Auftragsvergabe noch nicht feststand, vereinbarten wir ein weiteres Gespräch zur Klärung der Vergütung für die Einräumung der Nutzungsrechte.

Ablieferung des Entwurfs: 26. Kalenderwoche.

Mit freundlichem Gruß

oder:

Sehr geehrte/r ...
Ich beziehe mich auf die mit Ihnen geführten Besprechungen und fertige gern die von Ihnen gewünschten 6 Illustrationen zum Thema ... für Ihre neue Hauszeitschrift an.

1.

- Ablieferung der Entwürfe: 30. Kalenderwoche
- Vergütung pro Illustration (Entwurf) DM 660,–
- Einräumung eines einfachen Nutzungsrechts (Hauszeitschrift) pro Illustration DM 1 188,–.

Nochmals besten Dank für den Auftrag.

Mit freundlichem Gruß

So oder ähnlich lautet die einfachste Form eines Bestätigungsschreibens. Selbstverständlich kann die getroffene Vereinbarung noch detaillierter formuliert werden. Entscheidend ist: Es muß klar sein, daß mündlich bereits eine Einigung erzielt wurde.

Die Mühe solch eines kleinen Briefes hat eine große Wirkung: Sie erhöht deutlich die Chance, daß Sie reibungslos an Ihr Geld kommen. Eine Bestätigung bietet zwar keine absolute Sicherheit, doch Sie können zumindest nachweisen, daß Ihnen das Geld zusteht, falls Ihr Kunde in Zahlungsschwierigkeiten gerät oder seine Meinung ändert.

Im Normalfall registriert Ihr Kunde jedoch wohlwollend, daß Sie sich als kreativer Designer auch korrekt in abrechnungstechnischen Dingen verhalten.

Falls mit der kreativen Arbeit Kosten und Leistungen verbunden sind, die für die Durchführung der Entwurfsarbeiten unerläßlich, aber in der Vergütung der reinen Entwurfsarbeiten nicht enthalten sind (Material, spezielle Satzanfertigungen, Besprechungszeiten etc.), sollte auch dieser Punkt angesprochen und – falls absehbar – gesondert in der Bestätigung vermerkt werden. Das gleiche gilt für alle organisatorischen Leistungen wie Angebote einholen oder Drucküberwachung.

Aus Haftungsgründen empfiehlt es sich, Fremdaufträge nie im eigenen Namen, sondern immer „im Namen und für Rechnung" des Auftraggebers zu erteilen.

Bei Konzernen oder ähnlichen Firmenverflechtungen sollten Sie unbedingt den genauen Auftraggeber klären, damit sich nicht hinterher das Unternehmen darauf zurückzieht, gar keinen Auftrag erteilt zu haben. Dies ist besonders wichtig, wenn Sie Druck- oder Anzeigenaufträge vermitteln. Können Sie nämlich hinterher nicht nachweisen, daß derjenige, für den Sie aufgetreten sind, Sie auch tatsächlich beauftragt hatte, könnte sich die Druckerei oder der Verlag bei Ihnen für nichtbezahlte Rechnungen schadlos halten.

Je besser ein Auftraggeber über die Abwicklung eines Designauftrages informiert ist, desto entspannter ist das Arbeitsklima und natürlich die Chance, auch weitere Aufträge in einer vertrauensvollen Atmosphäre abwickeln zu können.

2. Allgemeine Vertragsgrundlagen

In unmittelbarem Zusammenhang mit dem Bestätigungsschreiben stehen die „Allgemeinen Vertragsbedingungen" oder „Vertragsgrundlagen", die jeder als das „Graugedruckte" auf vielen Rechnungen oder Kaufverträgen kennt. Was unter Kaufleuten üblich und anerkannt ist, sollten sich auch Designer zu eigen machen, zumal es die Durchsetzung vieler Regelungen vereinfacht, die ein Kunde in der Diskussion jeder einzelnen Klausel möglicherweise so nicht akzeptieren würde. Es empfiehlt sich daher, auf der Rückseite des Bestätigungsschreibens die eigenen Vertragsbedingungen abzudrucken und auf der Vorderseite den folgenden Hinweis aufzuführen:

„Für meine Arbeiten gelten die umseitig abgedruckten (oder beiliegenden) Vertragsbedingungen".

Man kann die Vertragsbedingungen auch auf ein separates Blatt drucken, das man der Bestätigung beifügt. Bei Folgeaufträgen wird dann auf die bereits übergebenen Vertragsbedingungen hingewiesen:

„Für meine Arbeiten und die von mir übernommenen Aufträge gelten die Ihnen am ... überreichten Vertragsbedingungen".

So wird deutlich, daß dem Auftraggeber die Vertragsbedingungen des Designers bekannt waren, bevor es zu einem Auftrag kam.

Bei der Absendung einer Auftragsbestätigung per Fax ist es wichtig, die Allgemeinen Geschäftsbedingungen mit durchzufaxen (Achtung bei Rückseitenaufdruck).

2.1 Wie werden AVGs Vertragsbestandteil?

Um Rechtswirksamkeit zu erlangen, müssen Vertragsbedingungen rechtzeitig in das Vertragsverhältnis einbezogen werden, das heißt vor oder mit dem Zustandekommen eines Auftrages. Der Zeitpunkt der Rechnungsstellung ist auf jeden Fall zu spät, denn dies würde bedeuten, daß dem Vertragspartner die Bedingungen erst im nachhinein übergeben wurden. Kam der Auftrag mündlich zustande, sollten die Vertragsbedingungen durch das Bestätigungsschreiben zum Gegenstand des Vertrages gemacht werden.

Noch besser ist es, wenn der Designer seinen Auftraggeber schon während des Briefinggespräches mündlich auf seine Konditionen hinweist. So können etwaige Fragen bereits im Vorfeld geklärt und Mißverständnisse weitgehend ausgeschaltet werden. Es wirkt zudem professioneller, wenn der Auftraggeber über möglichst viele Details informiert wird, bevor es zu den ersten Entwürfen kommt.

Die Texte von Auftrags- oder Vertragbedingungen sollten juristisch einwandfrei sein und Mißverständnisse soweit wie irgend möglich ausschließen. Designer, die den Tarifvertrag (der AGD) und dessen Vergütungsrichtlinien anwenden, können dies auf vertragsrechtlicher Basis tun, indem sie einen entsprechenden Passus in ihre persönlichen Vertragsbedingungen aufnehmen. Dies hat den Vorteil, daß damit zugleich eine akzeptable Basis für die Regelung der Vergütung geschaffen wird.

2.2 Allgemeine Vertragsgrundlagen für Grafik-Design-Leistungen

1. Allgemeines

1.1. Die nachfolgenden Bedingungen gelten für alle Verträge über Grafik-Design-Leistungen zwischen dem Designer und dem Auftraggeber ausschließlich. Dies gilt insbesondere auch dann, wenn der Auftraggeber Allgemeine Geschäftsbedingungen (AGBs) verwendet und diese entgegenstehende oder von den hier aufgeführten Bedingungen abweichende Bedingungen enthalten.

1.2. Auch gelten die hier aufgeführten Bedingungen, wenn der Designer in Kenntnis entgegenstehender oder von den hier aufgeführten Bedingungen abweichender Bedingungen des Auftraggebers den Auftrag vorbehaltlos ausführt.

1.3. Abweichungen von den hier aufgeführten Bedingungen sind nur dann gültig, wenn ihnen der Designer ausdrücklich schriftlich zustimmt.

1.4. Alle Vereinbarungen, die zwischen dem Designer und dem Auftraggeber zwecks Ausführung des Vertrages getroffen werden, sind in diesem Vertrag schriftlich niederzulegen.

2. Urheberrecht und Nutzungsrechte

2.1. Jeder dem Designer erteilte Auftrag ist ein Urheberwerkvertrag, der auf die Einräumung von Nutzungsrechten an den Werkleistungen gerichtet ist.

2.2. Alle Entwürfe und Reinzeichnungen unterliegen dem Urheberrechtsgesetz. Die Bestimmungen des Urheberrechtsgesetzes gelten zwischen den Parteien auch dann, wenn die erforderlichen Schutzvoraussetzungen im Einzelfall nicht gegeben sein sollten. Damit stehen dem Designer insbesondere die urheberrechtlichen Ansprüche aus §§ 97 ff. UrhG zu.

2.3. Die Entwürfe und Reinzeichnungen dürfen ohne ausdrückliche Einwilligung des Designers weder im Original noch bei der Reproduktion verändert werden. Jede Nachahmung – auch von Teilen – ist unzulässig. Ein Verstoß gegen diese Bestimmung berechtigt den Designer, eine Vertragsstrafe in Höhe der doppelten vereinbarten Vergütung zu verlangen. Ist eine solche Vergütung nicht vereinbart, gilt die nach dem Tarifvertrag für Design-Leistungen SDSt/AGD (neueste Fassung) übliche Vergütung als vereinbart.

2.4. Der Designer überträgt dem Auftraggeber die für den jeweiligen Zweck erforderlichen Nutzungsrechte. Soweit nichts anderes vereinbart ist, wird jeweils nur ein einfaches Nutzungsrecht übertragen. Eine Übertragung der Nutzungsrechte durch den Auftraggeber an Dritte bedarf der vorherigen schriftlichen Vereinbarung zwischen Auftraggeber und Designer.

2.5. Die Nutzungsrechte gehen erst nach vollständiger Zahlung der Vergütung durch den Auftraggeber auf diesen über.

2.6. Der Designer hat das Recht, auf den Vervielfältigungsstücken und in Veröffentlichungen über das Produkt als Urheber genannt zu werden. Eine Verletzung des Rechts auf Namensnennung berechtigt den Designer zum Schadensersatz. Ohne Nachweis kann der Designer 100 % der vereinbarten beziehungsweise nach dem Tarifvertrag für Design-Leistungen SDSt/AGD (neueste Fassung) üblichen Vergütung neben dieser als Schadensersatz verlangen.

2.7. Vorschläge und Weisungen des Auftraggebers oder seiner Mitarbeiter und Beauftragten haben keinen Einfluß auf die Höhe der Vergütung. Sie begründen kein Miturheberrecht.

3. Vergütung

3.1. Die Vergütung für die Entwürfe, Reinzeichnungen und Einräumung der Nutzungsrechte erfolgt auf der Grundlage des Tarifvertrages für Design-Leistungen SDSt/AGD (neueste Fassung), sofern keine anderen Vereinbarungen getroffen wurden. Bereits die Anfertigung von Entwürfen ist kostenpflichtig, sofern nicht ausdrücklich etwas anderes vereinbart ist. Die Vergütungen sind Nettobeträge, die zuzüglich der gesetzlichen Mehrwertsteuer zu zahlen sind.

3.2. Werden die Entwürfe in größerem Umfang als ursprünglich vorgesehen genutzt, ist der Designer berechtigt, nachträglich die Differenz zwischen der höheren Vergütung für die tatsächliche Nutzung und der ursprünglich erhaltenen Vergütung zu verlangen.

4. Sonderleistungen, Neben- und Reisekosten

4.1. Sonderleistungen wie beispielsweise die Umarbeitung oder Änderung von Reinzeichnungen, das Manuskriptstudium, die Drucküberwachung etc. werden nach Zeitaufwand entsprechend dem Tarifvertrag für Design-Leistungen SDSt/AGD (neueste Fassung) gesondert berechnet.

4.2. Der Designer ist berechtigt, die zur Auftragserfüllung notwendigen Fremdleistungen im Namen und für Rechnung des Auftraggebers zu bestellen. Der Auftraggeber verpflichtet sich, dem Designer entsprechende Vollmacht zu erteilen.

4.3. Soweit im Einzelfall Verträge über Fremdleistungen im Namen und für Rechnung des Designers abgeschlossen werden, verpflichtet sich der Auftraggeber, den Designer im Innenverhältnis von sämtlichen Verbindlichkeiten freizustellen, die

sich aus dem Vertragsabschluß ergeben. Dazu gehört insbesondere die Übernahme der Kosten.
4.4. Auslagen für technische Nebenkosten, insbesondere für spezielle Materialien, für die Anfertigung von Modellen, Fotos, Zwischenaufnahmen, Reproduktionen, Satz und Druck etc., sind vom Auftraggeber zu erstatten.
4.5. Reisekosten und Spesen für Reisen, die im Zusammenhang mit dem Auftrag zu unternehmen und mit dem Auftraggeber abgesprochen sind, sind vom Auftraggeber zu erstatten.

5. Fälligkeit der Vergütung, Abnahme

5.1. Soweit sich aus der Auftragsbestätigung nichts anderes ergibt, ist die Vergütung bei Ablieferung des Werkes fällig. Sie ist ohne Abzug zahlbar.
5.2. Die Abnahme darf nicht aus gestalterisch-künstlerischen Gründen verweigert werden. Im Rahmen des Auftrags besteht Gestaltungsfreiheit.
5.3. Werden die bestellten Arbeiten in Teilen abgenommen, so ist eine entsprechende Teilvergütung jeweils bei Abnahme des Teiles fällig. Erstreckt sich ein Auftrag über längere Zeit oder erfordert er vom Designer hohe finanzielle Vorleistungen, sind angemessene Abschlagszahlungen zu leisten, und zwar 1/3 der Gesamtvergütung bei Auftragserteilung, 1/3 nach Fertigstellung von 50 % der Arbeiten, 1/3 nach Ablieferung.
5.4. Bei Zahlungsverzug kann der Designer Verzugszinsen in Höhe von 6 % über dem jeweiligen Basiszinssatz der Europäischen Zentralbank p. a. verlangen. Die Geltendmachung eines nachgewiesenen höheren Schadens bleibt davon ebenso unberührt wie die Berechtigung des Auftraggebers, im Einzelfall eine niedrigere Belastung nachzuweisen.

6. Eigentumsvorbehalt etc.

6.1. An Entwürfen und Reinzeichnungen werden nur Nutzungsrechte eingeräumt, nicht jedoch Eigentumsrechte übertragen.
6.2. Die Originale sind daher, sobald der Auftraggeber sie nicht mehr für die Ausübung von Nutzungsrechten zwingend benötigt, unbeschädigt an den Designer zurückzugeben, falls nicht ausdrücklich etwas anderes vereinbart wurde. Bei Beschädigung oder Verlust hat der Auftraggeber die Kosten zu ersetzen, die zur Wiederherstellung der Originale notwendig sind. Die Geltendmachung eines weitergehenden Schadens bleibt unberührt.
6.3. Die Versendung der Arbeiten und Vorlagen erfolgt auf Gefahr und für Rechnung des Auftraggebers.

7. Digitale Daten

7.1. Der Designer ist nicht verpflichtet, Dateien oder Layouts, die im Computer erstellt wurden, an den Auftraggeber herauszugeben. Wünscht der Auftraggeber die Herausgabe von Computerdaten, ist dies gesondert zu vereinbaren und zu vergüten.
7.2. Hat der Designer dem Auftraggeber Computerdateien zur Verfügung gestellt, dürfen diese nur mit vorheriger Zustimmung des Designers geändert werden.

8. Korrektur, Produktionsüberwachung und Belegmuster

8.1. Vor Ausführung der Vervielfältigung sind dem Designer Korrekturmuster vorzulegen.
8.2. Die Produktionsüberwachung durch den Designer erfolgt nur aufgrund besonderer Vereinbarung. Bei Übernahme der Produktionsüberwachung ist der Designer berechtigt, nach

eigenem Ermessen die notwendigen Entscheidungen zu treffen und entsprechende Anweisungen zu geben. Er haftet für Fehler nur bei eigenem Verschulden und nur für Vorsatz und grobe Fahrlässigkeit.

8.3. Von allen vervielfältigten Arbeiten überläßt der Auftraggeber dem Designer 10 bis 20 einwandfreie ungefaltete Belege unentgeltlich. Der Designer ist berechtigt, diese Muster zum Zwecke der Eigenwerbung zu verwenden.

9. Gewährleistung

9.1. Der Designer verpflichtet sich, den Auftrag mit größtmöglicher Sorgfalt auszuführen, insbesondere auch ihm überlassene Vorlagen, Unterlagen, Muster etc. sorgfältig zu behandeln.

9.2. Beanstandungen gleich welcher Art sind innerhalb von 14 Tagen nach Ablieferung des Werks schriftlich beim Designer geltend zu machen. Danach gilt das Werk als mangelfrei angenommen.

10. Haftung

10.1. Der Designer haftet – sofern der Vertrag keine anderslautenden Regelungen trifft – gleich aus welchem Rechtsgrund nur für Vorsatz und grobe Fahrlässigkeit. Diese Haftungsbeschränkung gilt auch für seine Erfüllungs- und Verrichtungsgehilfen. Für leichte Fahrlässigkeit haftet er nur bei der Verletzung vertragswesentlicher Pflichten. In diesem Fall ist jedoch die Haftung für mittelbare Schäden, Mangelfolgeschäden und entgangenen Gewinn ausgeschlossen. Die Haftung für positive Forderungsverletzung, Verschulden bei Vertragsschluß und aus unerlaubter Handlung ist außerdem auf den Ersatz des typischen, vorhersehbaren Schadens begrenzt.

2.

10.2. Für Aufträge, die im Namen und auf Rechnung des Auftraggebers an Dritte erteilt werden, übernimmt der Designer gegenüber dem Auftraggeber keinerlei Haftung oder Gewährleistung, soweit den Designer kein Auswahlverschulden trifft. Der Designer tritt in diesen Fällen lediglich als Vermittler auf.

10.3. Sofern der Designer selbst Auftraggeber von Subunternehmern ist, tritt er hiermit sämtliche ihm zustehenden Gewährleistungs-, Schadensersatz- und sonstigen Ansprüche aus fehlerhafter, verspäteter oder Nichtlieferung an den Auftraggeber ab. Der Auftraggeber verpflichtet sich, vor einer Inanspruchnahme des Designers zunächst zu versuchen, die abgetretenen Ansprüche durchzusetzen.

10.4. Der Auftraggeber stellt den Designer von allen Ansprüchen frei, die Dritte gegen den Designer stellen wegen eines Verhaltens, für das der Auftraggeber nach dem Vertrag die Verantwortung bzw. Haftung trägt. Er trägt die Kosten einer etwaigen Rechtsverfolgung.

10.5. Mit der Freigabe von Entwürfen und Reinausführungen durch den Auftraggeber übernimmt dieser die Verantwortung für die technische und funktionsgemäße Richtigkeit von Text, Bild und Gestaltung.

10.6. Für die vom Auftraggeber freigegebenen Entwürfe, Entwicklungen, Ausarbeitungen, Reinausführungen und Zeichnungen entfällt jede Haftung des Designers.

10.7. Für die wettbewerbs- und kennzeichenrechtliche Zulässigkeit und Eintragungsfähigkeit der Arbeiten sowie für die Neuheit des Produktes haftet der Designer nicht.

11. Gestaltungsfreiheit und Vorlagen

11.1. Im Rahmen des Auftrags besteht Gestaltungsfreiheit. Reklamationen hinsichtlich der künstlerischen Gestaltung sind ausgeschlossen. Wünscht der Auftraggeber während oder nach der Produktion Änderungen, hat er die Mehrkosten zu tragen. Der Designer behält den Vergütungsanspruch für bereits begonnene Arbeiten.

11.2. Verzögert sich die Durchführung des Auftrags aus Gründen, die der Auftraggeber zu vertreten hat, kann der Designer eine angemessene Erhöhung der Vergütung verlangen. Bei Vorsatz oder grober Fahrlässigkeit kann er auch Schadensersatzansprüche geltend machen. Die Geltendmachung eines weitergehenden Verzugsschadens bleibt davon unberührt.

11.3. Der Auftraggeber versichert, daß er zur Verwendung aller dem Designer übergebenen Vorlagen berechtigt ist. Sollte er entgegen dieser Versicherung nicht zur Verwendung berechtigt sein, stellt der Auftraggeber den Designer von allen Ersatzansprüchen Dritter frei.

12. Schlußbestimmung

12.1. Sofern sich aus der Auftragsbestätigung nichts anderes ergibt, ist Erfüllungsort der Sitz des Designers.

12.2. Die Unwirksamkeit einer der vorstehenden Bedingungen berührt die Geltung der übrigen Bestimmungen nicht.

12.3. Es gilt das Recht der Bundesrepublik Deutschland.

12.4. Gerichtsstand ist der Sitz des Designers, sofern der Auftraggeber Vollkaufmann ist. Der Designer ist auch berechtigt, am Sitz des Auftraggebers zu klagen.

2.

2.3 Welche Paragraphen sind besonders wichtig?

Wichtig ist natürlich jeder einzelne Punkt, zumal er eine rechtliche Absicherung für den Designer darstellt. Von Fall zu Fall empfiehlt es sich jedoch, das eine oder andere Thema gesondert anzusprechen. Von Interesse für den Auftraggeber kann beispielsweise sein:

2.3. Urheberrechtlich geschützte Werke dürfen ohne Einwilligung des Designers nicht verändert werden.
Nicht jedem Kunden ist dies von der rechtlichen Konsequenz her so eindeutig klar. Sprechen Sie daher dieses Thema an.

2.6. Ein Designer hat das Recht auf Namensnennung.
Klären Sie daher vor Drucklegung, wo Ihr Name oder ein entsprechender Urhebervermerk stehen soll.

3.1. Die Anfertigung von Entwürfen ist grundsätzlich vergütungspflichtig, sofern nicht ausdrücklich etwas anderes vereinbart wurde.
Das heißt: Auch ein Entwurf, der dem Kunden nicht zusagt, muß vergütet werden. Lediglich die Zahlung der Nutzung entfällt in diesem Fall.

5.1. Das vereinbarte Entgelt ist bei Ablieferung des Entwurfs fällig; bei Aufträgen, die sich über einen längeren Zeitraum erstrecken, sind Abschlagszahlungen üblich. Diese Modalitäten müssen jedoch zuvor vereinbart werden.

6.1. An Entwürfen werden grundsätzlich nur Nutzungsrechte eingeräumt, keine Eigentumsrechte übertragen. Originale sind daher nach angemessener Frist wieder zurückzugeben. Darauf sollten vor allem Illustratoren ihre Auftraggeber hinweisen.

7.1. Ein Designer ist nicht verpflichtet, Dateien auszuhändigen. Ist dies erwünscht, muß es gesondert vereinbart und vergütet werden. Damit erhält der Auftraggeber die uneingeschränkten Nutzungsrechte. Die übergebenen Dateien dürfen nur mit Zustimmung des Designers geändert werden.

11.3. Falls vom Auftraggeber Unterlagen (z. B. Fotos oder Karten) ausgehändigt werden, die dem Urheberrechtsschutz unterliegen, kann der Designer keine Haftung übernehmen.
In Zweifelsfällen sollte man den Auftraggeber darauf hinweisen, daß er diese Unterlagen nur einsetzen darf, wenn er im Besitz der Rechte ist.

2.4 Was passiert, wenn der Auftraggeber eigene AVGs einbringt?

Falls der Auftraggeber eigene Geschäftsbedingungen (AGB) einbringt, die in einigen Punkten den eigenen widersprechen, heben sich die betreffenden Klauseln gegenseitig auf. Es entsteht gewissermaßen eine Pattsituation. Bestandteil des Auftrags werden nur noch die Punkte, die übereinstimmen. Für die widersprüchlichen Klauseln gilt dann die gesetzliche Regelung. Dies ist aber grundsätzlich für den Designer von Vorteil, da er zumindest die für ihn nicht vertretbaren Fakten abgewehrt hat.
Dennoch ist es besser, Ungereimtheiten anzusprechen, um größtmögliche Klarheit im persönlichen Gespräch zu erzielen.
Als Kommunikationsfachfrau/mann sollte Ihnen dies keine allzu großen Schwierigkeiten bereiten.

2.

Ein Hinweis:
Individuell getroffene Vereinbarungen haben immer Vorrang vor den gedruckten AGBs. Wer beispielsweise als Illustrator seinem Auftraggeber ein Original versprochen hat, kann sich hinterher nicht auf die AGBs berufen, sondern ist verpflichtet, dieses auch auszuhändigen. Und hierbei spielt es keine Rolle, ob diese Vereinbarung mündlich oder schriftlich erfolgte.

2.5 Beratungsleistungen

Bei Aufträgen größeren Umfanges werden von einem Grafik-Designer meist auch Beratungsleistungen erwartet, die natürlich ebenfalls vergütungspflichtig sind, und zwar nach dem Tages- oder Stundensatz des Designers. Hierbei ist allerdings zu beachten, daß es sich – im Gegensatz zur kreativen Tätigkeit der Entwurfsgestaltung – nicht um nutzungsrelevante Leistungen handelt. Die Beratung wird nur nach dem reinen Zeitaufwand berechnet.

2.6 Sonstige Leistungen

Auch Sonderleistungen in Form von Vorarbeiten, ergänzende Nebenarbeiten oder Überwachungsarbeiten werden häufig im Zusammenhang mit einem Designauftrag vom Gestalter erwartet. Dabei kann es sich um das Studium von Manuskripten, um Sachstudien oder Recherchen, wie zum Beispiel Museums- oder Bibliotheksstudien handeln, um beim Entwurf historische oder authentische Vorbilder berücksichtigen zu können. Auch Drucküberwachung beziehungsweise die Kontrolle der Herstellung des zu gestaltenden Objektes gehört zu diesen Sonderleistungen. Da das Entgelt für diese Sonderleistungen üblicherweise nicht in einem Designauftrag enthalten ist, sollten Sie mit Ihrem Kunden eine gesonderte Vereinbarung treffen, daß diese Arbeiten nach erforderlichem Zeitaufwand zusätzlich zu vergüten sind. Sie können auch in Ihren persönlichen Vertragsbedingungen oder in der Auftragsbesprechung darauf hinweisen, daß diese Sonderleistungen in berufsüblicher Weise in Rechnung gestellt werden.

2.7 Fälligkeit der Vergütung

Die Vergütung ist bei Abgabe des Entwurfs fällig, und zwar ohne Abzüge. Das bedeutet: Werkhonorare für Entwurfsleistungen und Werkzeichnungen sind bei Ablieferung der Arbeiten zu zahlen, die Nutzungsvergütung ist fällig, wenn der Auftraggeber den Entwurf zur Nutzung übernimmt. Werden die bestellten Arbeiten in Teilen abgenommen, so ist eine entsprechende Teilvergütung jeweils bei Abnahme des Teiles fällig; bei umfangreichen Arbeiten und Entwicklungsarbeiten, die sich voraussehbar über einen längeren Zeitraum erstrecken, ist die Leistung einer Vorauszahlung angemessen.

Sprechen Sie aber in jedem Fall bei Auftragsabschluß auch über die Zahlungsweise, und denken Sie daran, daß Sie mit Ihren Arbeiten grundsätzlich in Vorleistung treten.

3. Design und Urheberrechtsschutz

Das Werk eines Grafik-Designers ist kein Selbstzweck, sondern in aller Regel zur Vervielfältigung gedacht. Somit zielt die Tätigkeit eines Grafik-Designers nicht nur darauf ab, Entwürfe zu fertigen, sondern auch dem Auftraggeber gegen eine Vergütung Nutzungsrechte einzuräumen beziehungsweise eine entsprechende Lizenz zu erteilen. Zwischen Urheberschaft und Lizenzvergabe besteht also ein ursächlicher Zusammenhang als charakteristisches Kennzeichen dieses Berufes.

Nutzungslizenzen sind praktisch die „Früchte" einer geistig-schöpferischen Leistung und zugleich die Basis der beruflichen Existenz eines Designers; daher wird die Einräumung von Nutzungsrechten auch mit der „Pacht" verglichen. Wer also seine Urheberrechte kompetent und korrekt wahrnimmt, wird wirtschaftlich ein weit besseres Ergebnis erzielen als Designer, die ihre Arbeit nur nach Zeitaufwand berechnen, ohne den späteren Nutzungsumfang zu berücksichtigen.

Das Argument, man habe Schwierigkeiten bei der Erläuterung des Urheberrechts oder bestimmte Kunden bezahlten grundsätzlich keine Nutzungsrechte, greift nicht, denn das Urheberrecht bietet die gesetzliche Grundlage. Bei kleinen oder mittelständischen Firmen fehlt es meist nur an der entsprechenden Kenntnis. Hier muß man sich die Mühe einer einleuchtenden Erläuterung machen. Schließlich hat der Auftraggeber erhebliche Vorteile von der Tatsache, daß er im Besitz von Nutzungsrechten ist.

Verlage und Werbeagenturen kennen das Urheberrechtsgesetz in aller Regel sehr genau. Hier sollte man einfach verhandeln, wenn es wieder einmal um die pauschale Einräumung aller Rechte geht. Denn es ist schon ein Unterschied, ob ein Illustrator mit einer Einmalzahlung für seine Buch-Illustrationen abgegolten wird (das sogenannte „buy out") oder ob er auch noch an den Verkaufserlösen beteiligt wird und eine regelmäßige Lizenzzahlung erhält. Üblich sind im Verlagsbereich übrigens generell „10% für die Urheberseite", also für Textautor und Illustrator gemeinsam (gerechnet vom Netto-Verkaufspreis des Buchhändlers!).

3.1 Welche Leistungen genießen Urheberrechtsschutz?

Zu den nach §2 UrhG geschützten Werken zählen solche der Literatur, Wissenschaft und Kunst, nämlich:
- Sprachwerke, wie Schriftwerke, Reden und Computerprogramme
- Werke der Musik
- Pantomimische Werke einschließlich der Werke der Tanzkunst
- Werke der bildenden Künste einschließlich der Werke der Baukunst und der angewandten Kunst und Entwürfe solcher Werke
- Lichtbildwerke einschließlich der Werke, die ähnlich wie Lichtbildwerke geschaffen werden
- Filmwerke einschließlich der Werke, die ähnlich wie Filmwerke geschaffen werden
- Darstellungen wissenschaftlicher oder technischer Art wie Zeichnungen, Pläne, Karten, Skizzen, Tabellen und plastische Darstellungen

sowie nach §4 auch
- Sammelwerke und Datenbankwerke.

3.

Voraussetzung ist allerdings bei all diesen Werken, daß es sich um „persönliche geistige Schöpfungen" handelt. Die Arbeiten müssen also eine gewisse künstlerische Gestaltungshöhe aufweisen und vom kreativen Geist des Gestalters geprägt sein.

Leider werden Designleistungen durch das Urheberrechtsgesetz nicht ausdrücklich erwähnt. Sie sind jedoch in der Regel als Werke der angewandten Kunst aufzufassen, wenn sie eine individuelle Handschrift erkennen lassen, in Einzelfällen kann es sich jedoch auch um Werke der bildenden Kunst handeln. Fotodesigner schaffen regelmäßig Lichtbildwerke, manchmal auch einfache Lichtbilder.

Arbeiten, die nach präziser Vorgabe des Auftraggebers ausgeführt werden beziehungsweise dem Designer keinen kreativen Spielraum lassen – was ja auch hin und wieder vorkommt, wenn man beispielsweise für Agenturen arbeitet – genießen selbstverständlich keinen Urheberrechtsschutz. Hier kann dann auch nur der tatsächliche Zeitaufwand abgerechnet werden.

Gerichte stellen, wenn es zu Rechtsstreitigkeiten kommt, strenge Anforderungen an die individuelle künstlerische Ausprägung einer Arbeit, sofern es sich dabei um ein Werk der angewandten Kunst handelt; es muß eine erheblich über dem Durchschnittskönnen liegende Gestaltung vorliegen. Davon sollte man sich jedoch nicht entmutigen lassen, denn es gibt nun schon drei EU-Richtlinien zur Harmonisierung des Urheberrechts, die nur noch auf die sogenannte „Individualität" als Schutzvoraussetzung abstellen (Computerrechtsrichtlinie, Datenbankrichtlinie und Schutzfristenrichtlinie zu Fotografien). Individualität liegt danach vor, wenn die Gestaltung das Ergebnis einer eigenen geistigen Schöpfung ihres Urhebers ist, ohne daß zu ihrer Bestimmung besondere qualitative oder ästhetische Kriterien angewendet werden dürfen.

Damit ist aus rechtlicher Sicht jedenfalls für die Werkarten, die diese Richtlinien betraffen, eine sehr niedrige Schutzuntergrenze geschaffen worden. Für diese Werke darf nicht mehr darauf abgestellt werden, daß eine erheblich über dem Durchschnittskönnen liegende Gestaltung vorliegen muß.

Auch ein Schriftsteller genießt Urheberrechtsschutz, wenn er seine Texte selbst verfaßt und nicht abgeschrieben hat. Das gleiche gilt für einen Komponisten. Daher muß auch einem Grafik-Designer Urheberrechtsschutz zustehen, wenn er seinen Entwurf als persönliche geistige Schöpfung individuell gestaltet hat, wenn er ihn nicht abgezeichnet hat und ein anderer möglicherweise die gleiche Aufgabe anders gelöst hätte.

Foto-Designer haben diese Schwierigkeiten nicht. Jedes Foto wird zunächst automatisch als sogenanntes „einfaches Lichtbild" gem. § 72 UrhG für 50 Jahre nach der ersten Veröffentlichung beziehungsweise bei Nichtveröffentlichung seit Herstellung geschützt. Weist es Individualität auf, genießt es Urheberrechtsschutz als Lichtbildwerk und kommt dann in den Genuß der vollen urheberrechtlichen Schutzfrist von 70 Jahren nach dem Tod des Urhebers („post mortem auctoris").

3.2 Das Urheberrecht ist ein Persönlichkeitsrecht

Das Urheberrecht ist an die Person des Urhebers gebunden. Das sollten Sie als Designer unbedingt wissen. Sie können also das Urheberrecht nicht verkaufen und nicht verschenken.

3. Sie können es lediglich „verpachten", also gegen eine angemessene Vergütung Nutzungsrechte an Ihren urheberrechtlich geschützten Arbeiten einräumen.

Urheber kann immer nur eine natürliche Person sein, keine Firma, keine GmbH oder AG oder auch kein Computer. Urheberrechtlich relevante Leistungen erbringt nur der, der den Computer nach seinen Vorstellungen bedient. Das Urheberrecht steht folglich auch nur dem zu, der das Werk herstellt, auch wenn es im Auftrag anderer geschieht. Somit kann auch nie eine Werbeagentur – die einen Designer mit bestimmten Aufgaben betraut – das Urheberrecht an dieser Gestaltung haben, es sei denn, der Designer würde nach der konkreten kreativen Vorgabe nur noch ausführen, ohne eine eigene schöpferische Leistung zu erbringen. Das Urheberrecht ist ein höchst persönliches Recht und kann nur im Wege der Erbfolge auf einen anderen übertragen werden.

Haben mehrere Urheber ein Werk gemeinsam geschaffen, sind sie Miturheber. Das Recht der Veröffentlichung und Verbreitung steht dann allen gemeinsam zu und sollte im Vorfeld entsprechend vereinbart werden. Falls dies versäumt wurde, richtet sich die anteilige Nutzung nach dem Umfang der Mitwirkenden.

Miturheberschaft betrifft allerdings nicht Ideen oder verbale Vorstellungen, die ein Kunde äußert. Solche Vorgaben sind Voraussetzungen zur Durchführung eines Auftrages und gehören zum Briefing. Ideen allein sind im übrigen auch nicht schutzfähig, sondern sie müssen schon in verständlicher Form visualisiert sein beziehungsweise in konkreter Ausformung vorliegen.

3.3 Rechte des Urhebers

Das Urheberrecht teilt sich in das sogenannte „Urheberpersönlichkeitsrecht" und in die Verwertungsrechte des Urhebers.

3.3.1 Urheberpersönlichkeitsrecht

Zum Urheberpersönlichkeitsrecht gehören insbesondere die folgenden Rechte:

- Veröffentlichungsrecht
  Nach § 12 UrhG hat der Urheber das ausschließliche Recht zu bestimmen, ob und wie sein Werk zu veröffentlichen ist. Dies gilt auch gegenüber seinen Auftraggebern.

- Anerkennung der Urheberschaft
  § 13 UrhG gibt dem Urheber das Recht zu bestimmen, ob sein Werk mit einer Urheberbezeichnung zu versehen ist und wie diese lauten soll. Es handelt sich dabei um das sogenannte „Namensnennungsrecht" und ist für die Urheber regelmäßig das wichtigste Urheberpersönlichkeitsrecht überhaupt, weil es eine wirtschaftliche Komponente trägt: Die Namensnennung stellt nämlich regelmäßig eine kostenlose Werbemöglichkeit für den Urheber dar. Natürlich kann er auch darauf verzichten, wenn ein Auftraggeber aus bestimmten Gründen keine Kennzeichnung wünscht. Die Entscheidung liegt jedoch beim Urheber. Ist nichts Besonderes vereinbart, muß der Name des Urhebers genannt werden, es sei denn, daß etwa eine Üblichkeit in dieser bestimmten Branche dagegen spricht (dies ist ganz

selten der Fall, zum Beispiel aber im Radio: Dort werden regelmäßig nur die sogenannten „ausübenden Künstler" genannt, nicht aber die Komponisten und Texter).

- Entstellung des Werkes
  § 14 UrhG gibt dem Urheber das Recht, eine Entstellung oder Beeinträchtigung seines Werkes zu verbieten, falls seine berechtigten geistigen oder persönlichen Interessen gefährdet sind.

3.3.2 Verwertungsrechte

Es gibt körperliche und unkörperliche Verwertungsrechte (§ 15): Die wichtigsten körperlichen Verwertungsrechte sind:

- das Vervielfältigungsrecht, das heißt das Recht, Vervielfältigungsstücke eines Werkes herzustellen, egal in welchem Verfahren und in welcher Zahl (§ 16);

- das Verbreitungsrecht, das heißt das Recht, das Original oder Vervielfältigungsstücke des Werkes der Öffentlichkeit anzubieten oder in Verkehr zu bringen, einschließlich der Vermietung (§ 17);

- das Ausstellungsrecht, das heißt das Recht, das Original oder Vervielfältigungsstücke eines unveröffentlichten Werkes der bildenden Künste oder der Fotografie öffentlich zur Schau zu stellen (§ 18).

Zur unkörperlichen Verwertung, auch „Recht der öffentlichen Wiedergabe", gehören das Vortrags-, Aufführungs- und Vorführungsrecht (§ 19), das Senderecht (§ 20), das Recht der

Wiedergabe durch Bild- oder Tonträger (§ 21) und auch das Recht der Wiedergabe von Funksendungen (§ 22).

Ein wichtiges Verwertungsrecht ist auch das sogenannte „Bearbeitungsrecht". Gem. § 23 dürfen Bearbeitungen oder andere Umgestaltungen des Werkes nur mit Einwilligung des Urhebers des bearbeiteten oder umgestalteten Werkes veröffentlicht oder verwertet werden. Die Vornahme der Bearbeitung selbst ist also noch zulässig, nicht aber ihre Veröffentlichung oder Verwertung (Ausnahme: Verfilmung, Ausführung von Plänen bei Werken der bildenden Künste, Nachbau eines Werkes der Baukunst, Bearbeitung von Datenbankwerken oder Computerprogrammen: Bereits die Herstellung der Bearbeitung bedarf der Einwilligung des Urhebers). Ihre Auftraggeber dürfen also, wenn Sie es ihnen nicht ausdrücklich gestattet haben, Ihre Designleistungen nicht in bearbeiteter Form verwerten. Eine Ausnahme bilden zunächst Änderungen des Werkes, zu denen Sie Ihre Einwilligung nach Treu und Glauben nicht versagen könnten (§ 39, Abs. 2). Ihr Auftraggeber dürfte also auch ohne Ihre Zustimmung – zum Beispiel im Rahmen eines von Ihnen gestalteten Corporate Design – die Adressen auf Briefbögen ändern, bei Änderung der Firmierung wohl auch diese.

Lehnt sich ein neues Werk nur an ein vorbestehendes Werk an, ohne seine individuellen Gestaltungsmerkmale zu übernehmen, ist dies keine Bearbeitung mehr, sondern eine freie Benutzung (§ 24) und damit ohne Zustimmung des Urhebers des vorbestehenden Werkes zulässig.

3.4 Dauer des Urheberrechts

Das Urheberrecht besteht grundsätzlich lebenslang und erlischt erst 70 Jahre nach dem Tod des Urhebers. Ist eine Fotografie kein künstlerisches Werk, sondern nur ein einfaches Lichtbild, ist sie lediglich 50 Jahre nach der Veröffentlichung beziehungsweise bei Nichtveröffentlichung nach der Herstellung geschützt (§ 72). Nach Ablauf der Schutzfrist werden Werke und Lichtbilder „gemeinfrei" und können von jedermann genutzt werden.

3.5 Einräumung von Nutzungsrechten

Nutzungsrechte können einfach oder ausschließlich eingeräumt werden. Sie können auch räumlich, zeitlich und inhaltlich beschränkt werden. Diese Beschränkungen haben erheblichen Einfluß auf die Höhe der Vergütung für eine Nutzungsrechtseinräumung. Schließlich ist es ein Unterschied, ob der Entwurf einer Tragetasche von einem Einzelhändler genutzt wird oder von einem international agierenden Konzern, wobei dies vielfach nur den räumlichen Aspekt der Beschränkung betrifft.

- Einfaches Nutzungsrecht
  Der Inhaber eines einfachen Nutzungsrechtes hat keinen Anspruch auf alleinige, exklusive Nutzung des Werkes. Ein einfaches Nutzungsrecht kann mehreren Personen gleichzeitig eingeräumt werden. Auch der Designer selbst kann sein eigenes Werk ebenfalls weiterhin nutzen.
  Ein einfaches Nutzungsrecht ist also nur in wenigen Fällen sinnvoll, beispielsweise für eine Grußkarte zu Weihnachten oder für eine einmalige werbliche Aktion.

- Ausschließliches Nutzungsrecht
  Wer ein ausschließliches Nutzungsrecht erworben hat, kann das Werk unter Ausschluß aller andern Personen einschließlich des Urhebers nutzen. Er darf sogar weiteren Personen einfache Nutzungsrechte einräumen, vorausgesetzt, es widerspricht nicht den Interessen des Urhebers. Der Inhaber dieses Exklusivrechts hat eine starke Rechtsposition und kann sich gegen mögliche Plagiate erfolgversprechend zur Wehr setzen, indem er aus eigenem Recht klagen kann.

3.6 Beschränkung von Nutzungsrechten

- Räumliche Beschränkung
  Nutzungsrechte können für einzelne Länder, Sprachräume oder auch weltweit eingeräumt werden; auch eine örtliche Beschränkung, zum Beispiel für Berlin, erscheint in bestimmten Fällen als möglich. Sind zum Beispiel für ein Buch nur die Rechte für einen deutschsprachigen Raum erworben, ist bei einer weiteren Auflage in englischer Sprache auch ein weiteres Nutzungsentgelt zu zahlen.

- Zeitliche Beschränkung
  Denkbar ist eine Beschränkung für die Dauer einer Anzeigenkampagne, für eine bestimmte Anzahl von Monaten oder Jahren oder auch begrenzt für die Dauer der gesetzlichen Schutzfrist, also bis 70 Jahre nach dem Tod des Urhebers.

- Inhaltliche Beschränkung
  Inhaltliche Beschränkungen betreffen den Umfang der Nutzung und die Nutzungsarten. Dies bedeutet,

3.

daß die Nutzung einer bestimmten Anzahl von Vervielfältigungsstücken auf eine bestimmte Auflage begrenzt sein kann. Aber auch, daß die erbrachten schöpferischen Leistungen – zum Beispiel eine Illustration für einen Buchtitel – nicht zugleich für eine Anzeigenserie verwendet werden darf. Oder das Dekor für Servietten gilt nicht zugleich für ein komplettes Partygeschirr.

Diese Möglichkeiten der Beschränkung bieten dem Designer ein praktisches Instrumentarium, seine wirtschaftlichen Interessen wirksam umzusetzen. Sie sind aber auch für den Auftraggeber von Vorteil, weil er nur für die Rechte bezahlt, die er auch wirklich braucht.

Die Vertragspartner sollten vor Auftragsbeginn gemeinsam festhalten, welche Rechte eingeräumt beziehungsweise benötigt werden und dies auch schriftlich fixieren. Auch aus den Rechnungen sollte zusätzlich klar ersichtlich sein, welche Rechte eingeräumt und bezahlt wurden (Achtung: Rechnungstext mit dem Auftragstext abgleichen, um Unklarheiten zu vermeiden).

Auftraggeber, vor allem Verlage, sind häufig daran interessiert, möglichst umfangreiche und uneingeschränkte Rechte zu erwerben. Dementsprechend sind die betreffenden Passagen der Verträge so abgefaßt, daß ein uneingeschränktes Nutzungsrecht ohne jegliche Begrenzung und zudem für die Dauer der gesetzlichen Schutzfrist (also bis zu 70 Jahren nach dem Tod des Urhebers) übertragen wird. Hier sollten Sie besonders aufmerksam sein und nicht ohne weiteres alle Rechte einräumen. Erhält der Designer allerdings eine prozentuale Beteiligung an den Verwertungserlösen (Stücklizenz) – im Verlags- und Produktdesignbereich häufig üblich – ist die totale Rechtseinräumung nicht unbedingt nachteilig.

3.7 Zweckübertragungsgrundsatz

Der praktisch wichtigste Aspekt des Urhebervertragsrechts ist die sogenannte „Zweckübertragungslehre" (§ 31, Abs. 5). Wenn bei der Einräumung von Nutzungsrechten die Nutzungsarten und der Nutzungsumfang sowie auch die Nutzungsdauer noch nicht klar waren oder nicht konkret festgelegt wurden, dann bestimmen sich diese nach dem Zweck, der mit der Einräumung verfolgt wurde. Wird beispielsweise eine Illustration für einen Buchtitel gefertigt, so darf der Verlag davon nicht ohne weiteres auch Postkarten herstellen und verbreiten; wer einen Werbeprospekt gestaltet hat, kann sich dagegen wehren, wenn der Auftraggeber ihn eingescannt auf seiner Internet-Homepage wiedergibt. Auch darf ein Auftraggeber normalerweise einen Werbeprospekt, den ein Designer für ihn erstellt hat, nicht beliebig oft nachdrucken. Entscheidend ist jedoch immer, welcher Vertragszweck von den Parteien erkennbar gewollt war.

Die Zweckübertragungslehre gilt auch dann, wenn unklar ist, ob ein einfaches oder ausschließliches Nutzungsrecht eingeräumt wurde. Im Zweifel wird vielfach zugunsten des Designers das einfache Nutzungsrecht angenommen.

3.8 Urheberrechtsverletzungen

Wer ein Werk ohne die Zustimmung des Urhebers veröffentlicht oder verbreitet, begeht eine Urheberrechtsverletzung, was nicht nur dem betroffenen Designer schadet, sondern auch dem Auftraggeber. Hierbei geht es zum einen um finanzielle Einbußen für den Designer, denn der Plagiator hätte normalerweise eine entsprechende Vergütung für den Entwurf und den Erwerb

3. der Nutzungsrechte bezahlen müssen. Es geht auch um einen Imageverlust für den Auftraggeber, dessen Anzeige oder Signet durch eine rechtswidrige Nachahmung nun keine Alleinstellung mehr genießt.

Bei Urheberrechtsverletzungen innerhalb einer Branche besteht obendrein die Gefahr der Verwechslung.

Gegen Plagiate oder widerrechtliche Nutzungen Ihrer Werke können Sie sich selbstverständlich wehren, aber auch Ihre Auftraggeber, wenn sie im Besitz der ausschließlichen Nutzungsrechte sind.

Der Plagiator muß die Veröffentlichung des widerrechtlich genutzten Werkes sofort einstellen und eine sogenannte „strafbewehrte Unterlassungserklärung" abgeben. In einer solchen Erklärung verspricht er, die weitere Vervielfältigung und Verbreitung des Plagiates zu unterlassen und im Falle des zukünftigen Verstoßes gegen die Unterlassungserklärung an den Urheber oder den Inhaber des ausschließlichen Nutzungsrechtes eine Vertragsstrafe zu bezahlen (im Regelfall DM 11 000/EUR 5 624,21). Dies gilt übrigens auch für Personen, die zunächst gutgläubig handelten und sich der Tragweite ihres Agierens nicht bewußt waren. Gibt der Plagiator die strafbewehrte Unterlassungserklärung nicht (freiwillig) ab, kann man die Gerichte einschalten und gegen ihn entweder eine einstweilige Verfügung beantragen oder ihn auf Unterlassung, Auskunftserteilung, Rechnungslegung und Schadensersatz verklagen.

Die weitere Vorgehensweise sollten Sie allerdings unbedingt mit einem fachkundigen Juristen oder den Justitiaren Ihres Berufsverbandes besprechen.

3.9 Inspiration oder Plagiat?

Das Rad kann man nicht täglich neu erfinden, das wissen auch Sie als Designer. Außerdem gibt es Trends und Stilrichtungen, die man mitunter gar nicht außer acht lassen kann. Aber wildes Abkupfern oder Runterladen, was der Rechner gerade hergibt, ist geistige Kleptomanie und unter der Würde eines qualifizierten Designers. Außerdem ist es strafbar (§ 106 UrhG).

Bearbeitungen oder Veränderungen urheberrechtlich geschützter Werke dürfen nur mit Einwilligung des Urhebers veröffentlicht oder verwertet werden. Wer es dennoch tut, begeht eine Urheberrechtsverletzung und muß mit Konsequenzen bis hin zu Schadensersatzleistungen rechnen.

Die Grenzen zwischen Plagiat und Inspiration regelt das Urheberrechtsgesetz, wobei die Merkmale mitunter nicht ganz eindeutig sind. Zu unterscheiden ist hier nach „abhängiger Bearbeitung" und „freier Benutzung".

Die abhängige Bearbeitung läßt den Wesenskern des Originals noch erkennen, eine freie Benutzung präsentiert ein völlig neues Werk mit eigenem Charakter, so daß die Grundmerkmale des Originals nur noch vage zu erkennen sind.

Mit der Frage „Was ist erlaubt, was ist strafbar?" sind wir übrigens häufig konfrontiert, vor allem bei Vorträgen an Hochschulen. Dies läßt hoffentlich nicht auf mangelnde Ideen der Studierenden schließen. Es zeigt aber ganz klar die Bildüberflutung durch Medien und Internet, die das Klauen zum Kinderspiel machen. Andererseits ist das Jammern sehr laut, wenn eigene Gestaltungselemente woanders entdeckt werden.

3.

Trotz Trends, Stilrichtungen und verlockender Bilderfluten ein Appell an die Verantwortung der Designer, sich zuerst mit dem Produkt, der geplanten Positionierung und der Zielgruppe zu beschäftigen, ehe Sie sich vorschnell mit der Gestaltung auseinandersetzen. Durch analytisches Vorgehen kann viel eher eine individuelle, dem Produkt adäquate Präsentation entwickelt werden als durch Schielen nach Pseudovorlagen.

3.10 Kriterien für die Einräumung von Nutzungsrechten

- Ein Auftraggeber braucht nur für die Rechte zu zahlen, die er auch wirklich benötigt. Nicht mehr und nicht weniger. Eine faire Regelung!

- Nur wenn ein Auftraggeber im Besitz der Nutzungsrechte ist, kann er sich erfolgversprechend gegen mögliche Plagiate zur Wehr setzen. Er kann sogar aus eigenem Recht klagen.

- Ein Auftraggeber (Rechtsinhaber) hat bei solch einer „Abwehraktion" den Urheber zur Seite und kann – wenn die Situation dies erfordert – bei der Abwehr von Rechtsverletzungen der unmittelbaren Mitbewerber selbst im Hintergrund bleiben.

- Wer im Besitz der ausschließlichen Nutzungsrechte ist, kann sogar Dritten seinerseits einfache Nutzungsrechte einräumen.

4. Der individuelle Designvertrag

Viele Modalitäten eines Designvertrages sind durch den Einsatz «Allgemeiner Geschäftsbedingungen» geklärt, vor allem wenn Details, die in dem einen oder anderen Auftrag kritisch erscheinen, zusätzlich im persönlichen Gespräch erörtert werden. Dennoch gelten für einen Designauftrag ganz besondere Gesetzmäßigkeiten, die hier gesondert thematisiert werden.

4.1 Ein Designauftrag besteht immer aus zwei Stufen

Der Designer hat aus einem Designauftrag zwei Verpflichtungen: Er muß die Entwürfe erstellen und dann anschließend die in dem Designauftrag beziehungsweise nach dem Vertragszweck vorausgesetzten Nutzungsrechte einräumen.

In der ersten Phase, dem Werkvertrag, geht es um die Erarbeitung und Präsentation des Entwurfs, in der zweiten Phase geht es um die Einräumung der Nutzungsrechte. Diese zweite Phase wird auch als Lizenzvertrag bezeichnet. Erst mit der Einräumung und Bezahlung der Nutzungsrechte kann der Auftraggeber die Entwürfe für seine Zwecke und im vereinbarten Umfang nutzen.

Das Werk eines Designers hat seine Bedeutung also nicht als Einzelstück, sondern als Prototyp und Entscheidungshilfe für die Vervielfältigung.

Das Zustandekommen eines Auftrages ist an keine Form gebunden. Er kann auch zwanglos in mündlicher Form erfolgen.

4.1.1 Der Werkvertrag

Der Werkvertrag ist auf die Erstellung eines bestimmten Werkes gerichtet: Er verpflichtet den Designer zur Erarbeitung des versprochenen Entwurfs und verpflichtet zugleich den Auftraggeber zur Bezahlung der vereinbarten Vergütung. Die Bedingungen sind im § 631 BGB geregelt.

4.1.2 Der Lizenzvertrag

Entscheidet sich der Auftraggeber für die Verwertung und den Erwerb der Nutzungsrechte, so kommt es zum Abschluß eines Lizenzvertrages, der nach § 31 UrhG die Einräumung der Nutzungsrechte zum Gegenstand hat. Der Auftraggeber erhält somit die Berechtigung, den Entwurf für seine Zwecke und im vereinbarten Umfang zu nutzen. Die Leistungen, die ein Designer in Erfüllung des Werkvertrages erbringt, sind also von Anfang an auf den Abschluß eines Lizenzvertrages gerichtet, der dem Auftraggeber die wirtschaftliche Nutzung des Entwurfs ermöglicht.

Ohne die ausdrückliche Zustimmung des Designers darf also ein Entwurf nicht genutzt werden. Auch aus anderen Bereichen sind solche Regelungen bekannt: So darf niemand den Text eines Schriftstellers, das Foto eines Bildreporters oder die Musik eines Komponisten nutzen, ohne die ausdrücklichen Rechte daran erworben zu haben. Dies hat aber auch den großen Vorteil, daß sich ein Auftraggeber als Rechte-Inhaber bei Plagiaten erfolgreich zur Wehr setzen kann.

Durch die Zweistufigkeit des Designauftrages ergeben sich auch zwei unterschiedliche Möglichkeiten der Berechnung. Der Designer kann die Vergütung für Entwurf und Nutzung als eine

4. Summe ausweisen, wobei die Art der Nutzung (einfach oder ausschließlich) sowie der Umfang (räumlich, zeitlich und inhaltlich) fixiert werden sollte. Wesentlich transparenter wird die Rechnung, wenn er die Berechnung in zwei Positionen aufteilt:

1. Vergütung für Entwurfsarbeiten
2. Vergütung für Nutzungsrechtseinräumung,

wobei ebenfalls Nutzungsart und -umfang aufgeschlüsselt werden sollten.

Wird der Entwurf – aus welchen Gründen auch immer – nicht genutzt, so ist dennoch die Vergütung für den Entwurf zu zahlen, nicht jedoch für die Einräumung der Nutzungsrechte. Die Meinung eines Auftraggebers, die Zahlung der Entwürfe zu verweigern, da er sie nicht nutzen wolle oder könne, wurde durch viele Gerichtsurteile mit der Begründung widerlegt: Das kreative Potential eines Designers steckt nun einmal im Entwurf. Und durch Vorlage des Entwurfs hat er dem Auftraggeber die Entscheidung ermöglicht, den Entwurf zu vervielfältigen oder nicht. Die Vergütung der Werkleistung bleibt davon unberührt. Durch Bezahlung der Nutzungsrechtseinräumung erhält der Auftraggeber die Option auf eine – auch spätere – Nutzung.

Bei großen Aufträgen mit vielen Besonderheiten und weitreichenden Konsequenzen für den Designer ist es empfehlenswert, sich einen individuellen Designvertrag von einem fachkundigen Juristen erarbeiten zu lassen.

4.2 Muster eines individuellen Designvertrages

Vertrag mit einem Auftraggeber über grafische Gestaltungen

Die Firma
– nachfolgend »Auftraggeber« –

und Herr/Frau
– nachfolgend »Designer« –

schließen unter Geltung der im Anhang abgedruckten Allgemeinen Vertragsgrundlagen folgende Vereinbarung:

§ 1
Der Designer übernimmt es, für den Auftraggeber von Fall zu Fall grafische Gestaltungen in Form von z. B. Entwürfen und Reinzeichnungen zu fertigen und/oder folgende grafische Gestaltungen in Form von z. B. Entwürfen und Reinzeichnungen zu fertigen: … (ganz konkrete Bezeichnung des Auftragsgegenstandes).

§ 2
Der Auftraggeber unterrichtet den Designer schriftlich von seinen Vorstellungen über das vom Designer jeweils zu schaffende Werk. Der Auftraggeber kann anhand von Mustergestaltungen oder durch sonstige schriftliche Hinweise dem Designer Richtlinien für die Bearbeitung geben.

§ 3
Die Vertragsparteien vereinbaren folgenden zeitlichen Ablauf hinsichtlich der jeweiligen Arbeitsschritte:
1. Abgabe eines Entwurfs innerhalb … Wochen nach Erhalt eines schriftlichen Auftrages mit Einzelheiten betreffend die gewünschte grafische Gestaltung. Sollen nachgeschobene Änderungswünsche des Auftraggebers, die ebenfalls schriftlich

4.

festzuhalten sind, noch in diesem Arbeitsschritt berücksichtigt werden, verlängert sich die in Satz 1 genannte Frist um ... Tage/Wochen. Kann die Frist aus konstruktions- und/oder entwicklungstechnischen Gründen nicht eingehalten werden, ist der Designer berechtigt, den Übergabezeitpunkt um ... Tage/Wochen zu überschreiten. Der Entwurf soll dem Auftraggeber eine Vorstellung von den Gestaltungsideen des Designers geben.

2. Abgabe der Reinzeichnung und/oder der Druckvorlage innerhalb ... Wochen nach schriftlicher Abnahme des Entwurfs durch den Auftraggeber. Äußert sich der Auftraggeber nicht binnen ... Wochen, gilt der Entwurf als abgenommen.

§ 4

Die jeweilige Vergütung des Designers gliedert sich in Vergütung für

1. die jeweiligen Entwurfs- und Reinzeichnungsarbeiten und
2. die Nutzungsrechtseinräumung.

Sie wird auf der Grundlage des Tarifvertrages für Design-Leistungen SDSt/AGD der neuesten Fassung berechnet, wobei für Entwurfs- und Reinzeichnungsarbeiten ein Stundensatz von DM 120,–/EUR 61,35 zugrunde gelegt wird.

§ 5

Sonderleistungen wie beispielsweise die Umarbeitung von Entwürfen, die Änderung von Reinzeichnungen oder Druckvorlagen, die Bearbeitung von Manuskripten sowie die Überwachung der Herstellung (einschließlich erforderlicher Reise- und Aufenthaltskosten) werden nach Zeitaufwand gemäß Tarifvertrag für Design-Leistungen SDSt/AGD gesondert berechnet. Außer den im Vertrag bezeichneten Ansprüchen stehen dem Designer Ansprüche auf Auslagen und Nebenkosten nach Maßgabe der Ziffer 4 der Allgemeinen Vertragsgrundlagen im Anhang zu.

§6
Vor der Vervielfältigung des vom Designer geschaffenen Werkes sind diesem Korrekturmuster vorzulegen. Die Überwachung der Vervielfältigung durch den Designer erfolgt nur aufgrund einer besonderen, schriftlich festgehaltenen Absprache.

§7
Mit der Übergabe der jeweiligen grafischen Gestaltung durch den Designer oder einen von ihm hierzu Bevollmächtigten und der vollständigen Zahlung der jeweiligen Vergütung für die Nutzungsrechtseinräumung erwirbt der Auftraggeber die Nutzungsrechte an den grafischen Gestaltungen nach dem im Tarifvertrag für Design-Leistungen SDSt/AGD vereinbarten Umfang für folgende Nutzungsarten: ..., räumlich beschränkt auf ..., zeitlich befristet bis ... (möglichst konkrete Bezeichnung; z. B. Zeitungen in Deutschland für fünf Jahre).

§8
Der Designer ist als Urheber oder Miturheber berechtigt, das Werk zu signieren und zu bestimmen, wie das Werk mit seiner Urheberbezeichnung zu versehen ist, es sei denn, die Urheberbezeichnung ist nach den besonderen Umständen des Einzelfalles nicht verkehrsüblich.

§9
Der Designer kann bei seiner Firmendarstellung, in Werbebroschüren etc. jederzeit schriftlich und mündlich auf seine Zusammenarbeit mit dem Auftraggeber hinweisen.

§10
Das Eigentum an den grafischen Gestaltungen, die der Designer im Rahmen dieses Vertrages geschaffen hat, verbleibt beim Designer, es werden lediglich Nutzungsrechte (§7) eingeräumt. Die Entwürfe, Reinzeichnungen, Druckvorlagen etc. bleiben dem Auftraggeber zu getreuen Händen zum

4.

zeitweisen Besitz überlassen, soweit und solange die Ausübung der Nutzungsrechte dies erforderlich macht.

§ 11

Dieser Vertrag kann von jedem Vertragspartner unter Einhaltung einer Frist von einem Monat zum Ende eines jeden Kalendermonats gekündigt werden. Nach einer mehr als sechsmonatigen Zusammenarbeit beträgt die Kündigungsfrist sechs Wochen zum Ende eines jeden Quartals.

§ 12

Mündliche Nebenabreden sind nicht getroffen. Änderungen und Ergänzungen dieses Vertrages bedürfen zu ihrer Wirksamkeit der Schriftform. Dies gilt auch für die Aufhebung dieses Schriftformerfordernisses.

Die etwaige Unwirksamkeit einzelner Bestimmungen dieses Vertrages berührt dessen Wirksamkeit im übrigen nicht.

Für die Auslegung dieses Vertrages gilt das Recht der Bundesrepublik Deutschland.

Ort und Datum ...

Auftraggeber ...   Designer ...

5. Vergütung von Designleistungen

Ein Fertighaus hat seinen kalkulierten Preis ebenso wie das neueste Modell des VW Beetle. Als Gast im Restaurant kennt man den Preis, bevor man sein Essen bestellt. In der Geschäftswelt sind wir tagtäglich von Preisen umgeben. Daher ist es völlig selbstverständlich, daß auch ein Designer die Vergütung für seine Leistung nennen sollte, und zwar bevor er mit der Arbeit beginnt.

In fast all unseren Berechnungsbeispielen lag entweder ein Angebot des Designers vor oder die Auftragshöhe war von seiten des Auftraggebers definiert.

Wer also kein großzügiges Erbe antritt, welches sich von selbst verzinst, sondern von seinen Leistungen als Designer leben will, kommt nicht umhin, seine eigene Betriebskostenrechnung zu erstellen, und daraus resultierend seinen Tages- oder Stundensatz festzulegen. Daher eine Empfehlung, vor allem an die jüngeren DesignerInnen: Machen Sie sich die Mühe einer eigenen Kalkulation, und schreiben Sie Ihre Stunden- und Tagessätze fest. Es muß für Sie ganz selbstverständlich sein, daß ein Tag kreative Leistung oder eine Beratung beim Kunden vergütungspflichtig ist. Und gewöhnen Sie sich an, dies auch deutlich beim ersten Gespräch zu sagen.

Im übrigen weiß man meist schon beim ersten Kontakt, welche Leistungen erwünscht sind. Falls der Kunde sich wenig konkret zum Inhalt des Auftrages äußert, fragen Sie nach, damit Sie wenigstens eine Zirka-Kalkulation in der Tasche haben. Denn nichts ist schlimmer – und wirkt zudem unprofessionell –, als die berechtigte Frage nach dem Preis mit unklaren Gehirnwindungen zu quittieren. Ein Kunde merkt Ihre Unsicherheit sofort und wird sie ausnutzen. Selbst wenn das Briefing für den Auftrag erst noch formuliert werden muß, so können Sie zumindest Ihren Stundensatz nennen und den voraussichtlichen Zeitaufwand kalkulieren.

Verstecken Sie sich also nicht hinter Ihrer Kreativität, sondern verhalten Sie sich Kaufleuten gegenüber ebenfalls kaufmännisch. Sonst landen Sie sehr schnell in einem diffusen Preisdrücker-Dschungel.

Design kostet Geld, denn es ist eine Investition in die Zukunft eines Produktes oder Unternehmens. Das weiß ein Unternehmer, ehe er einen Designer beauftragt. Und das wissen Sie als Designer ebensogut. Daher sollten Sie detailliert Ihre Konditionen erläutern sowie Ihre Tages- bzw. Stundensätze ansprechen. Der Stundensatz eines qualifizierten Designers liegt laut AGD Tarifvertrag bei DM 120,– /EUR 61,35 (Stand 1999).

Sie merken übrigens an der Reaktion Ihres Kunden auf eine klare Angabe sofort, ob die genannte Summe für ihn akzeptabel ist oder nicht. Falls nicht, haben Sie immer noch die Chance zu verhandeln. Auch das ist übliche Praxis im Geschäftsleben. Auch eine Design-Leistung kann mehr oder weniger üppig ausfallen. Ihr Kunde muß es nur wissen, damit er sich darauf einstellen kann.

Empfehlung Nummer zwei: Wenn Sie die angestrebte Einigung zur Vergütung erzielt haben, halten Sie diese Vereinbarung durch eine Bestätigung fest. Dieses Schriftstück ist für Sie so gut wie bares Geld, denn es ist die Grundlage des soeben beginnenden Geschäftes und – falls es wirklich zu Streitigkeiten kommen sollte – der sichere Beweis, daß Ihnen das Geld zusteht.

5. Gewöhnen Sie sich ferner an, mit „gedruckten Unterlagen" zu arbeiten, da dies unter Kaufleuten übliche Praxis ist und Ihnen eine größere Sicherheit bietet. Für den Fall, daß Sie noch keine eigene Betriebskostenrechnung erstellt haben, bieten die Vergütungsrichtlinien der Berufsverbände eine gute Orientierung.

Und noch ein Tip: Wenn Sie nach dem „Preis" Ihrer Leistung gefragt werden, antworten Sie mit dem Begriff „Vergütung".

„Die voraussichtliche Vergütung beträgt DM ... "

oder:

„Sie investieren DM ... für ein individuelles und unverwechselbares Signet".

„Vergütung" klingt einfach wertiger als „Preis" oder „Kosten". Auch im Bürgerlichen Gesetzbuch (BGB § 631) ist von Vergütung die Rede. Hier der Wortlaut:

„Durch den Werkvertrag wird der Unternehmer zur Herstellung des versprochenen Werkes, der Besteller zur Entrichtung der vereinbarten Vergütung verpflichtet."

Und daß Design eine Investition ist, davon müssen wir Sie als Designer nicht überzeugen. Sprechen Sie daher auch mit Ihrem Kunden über Vergütungen oder Investitionen.

Auch die Bezeichnung „Honorar" trifft nicht ganz ins Schwarze, denn Honorar – abgeleitet aus dem lateinischen „honor" – bedeutet eigentlich „Ehrensold". Sie stammt aus der Antike, in der die Leistungen der Künstler angeblich so hoch geschätzt wurden, daß man meinte, es sei unwürdig, sie mit schnödem „Mammon" zu bezahlen. Der Künstler erhielt daher für sein Werk ein adäquates Gegengeschenk in Gold, was offenbar von allen als ein feiner, aber erheblicher Unterschied angesehen wurde. Dies wirkt bei freien Berufen so stark nach, daß es noch immer als unfein gilt, über Geld zu sprechen.

5.1 Berechnung der üblichen Vergütung

Wenn die Höhe der Vergütung bei Vertragsabschluß nicht angesprochen wurde, kann der Designer dennoch von seinem Auftraggeber ein Entgelt für die erbrachten Leistungen verlangen. Entweder man erzielt im nachhinein eine für beide Partner faire Regelung, oder es kommt zu einem Rechtsstreit, dessen Ergebnis im Ermessen des Richters oder eines Gutachters liegt.

In § 632 BGB, heißt es hierzu:
„Ist die Höhe der Vergütung nicht bestimmt, so ist beim Bestehen einer Taxe die taxmäßige Vergütung, in Ermangelung einer Taxe, die übliche Vergütung anzusehen."

Üblich sind bei Rechtsstreitigkeiten vielfach die Berechnungsgrundlagen der Berufsverbände, wobei in fast allen Gutachten die Werte von AGD- und BDG-Richtlinien zitiert werden.

Bei der nachträglichen Bemessung muß natürlich auch berücksichtigt werden, daß es nicht nur um ein Entwurfsentgelt geht, sondern um die Abgeltung von Nutzungsrechten, die einen gesonderten wirtschaftlichen Wert darstellen.

5.

5.2 Bedeutung von Kostenvoranschlägen

Wird ein Designer gebeten, vor Abschluß eines Vertrages einen Kostenvoranschlag abzugeben, sollte man möglichst genau die voraussichtlich anfallenden Leistungen kalkulieren. Eine Orientierungshilfe sind auch hier die Vergütungsrichtlinien der Berufsverbände.

In dieser ersten Phase ist es empfehlenswert, Entwurf und Nutzung gesondert auszuweisen, damit der Auftraggeber die entsprechenden Summen in seinem Etat berücksichtigen kann.

Ein Kostenvoranschlag ist eine Richtlinie für die voraussichtlich anfallenden Kosten, was Sie dem Auftraggeber auch mitteilen sollten. Es sei denn, Sie übernehmen die Gewähr für die Richtigkeit Ihrer Kalkulation. In diesem Fall können Sie später auch nur die veranschlagte Summe berechnen. Ohne diese Garantie kann ein Kostenvoranschlag 10 bis 15 Prozent überschritten werden, was man dem Auftraggeber aber mitteilen sollte, sobald dies abzusehen ist. Für höhere Überschreitungen ist diese Information selbstverständlich ein Muß.

5.3 Berechnungsgrundlagen der Designverbände

Die Berechnungsgrundlagen der Designverbände bieten eine gute Orientierung. So ist zum Beispiel der Tarifvertrag für Designleistungen gemäß § 7 des Tarifvertragsgesetzes eine Vereinbarung zwischen den Inhabern großer Design-Studios (SDSt) und der Allianz deutscher Designer (AGD). Er ist beim Bundesarbeitsministerium sowie den Ministerien aller Länder und Stadtstaaten registriert und wird bei Rechtsstreitigkeiten häufig zur Klärung herangezogen. Das Vertragswerk ist direkt an der Praxis orientiert, wird permanent aktualisiert und alle drei bis vier Jahre neu unter den Tarifpartnern abgeschlossen. Insofern ist es keine einseitige Empfehlung eines Berufsverbandes, sondern die tarifliche Festlegung von Stundensätzen und Zeitaufwendungen. Die aktuelle Ausgabe umfaßt neben den üblichen Aufgaben aus dem Bereich Grafik-Design auch die Bereiche Foto-, und Produktdesign, Mode- und Textildesign sowie Konzeption und Werbetext.

Ein großer Vorteil des Tarifvertrages ist die Bündelung der verschiedenen Arten von Nutzungsrechtseinräumung zu einem auf die Belange des Auftraggebers abgestimmten „Rechtepaket".

Wie sieht das in der Praxis aus?

Der Auftraggeber erhält eine Kalkulation für die Entwurfsarbeiten sowie eine klar umrissene Nutzungsrechtsvereinbarung mit detaillierten Angaben für die räumliche, zeitliche und inhaltliche Nutzung. Für alle drei Nutzungsarten wurden Tabellen konzipiert, die eine differenzierte Bestimmung ermöglichen. Werden die drei Teilwerte addiert, erhält man den Gesamtwert der Vergütung für die jeweilige Nutzungsrechtseinräumung.

Beispiel:

1. Entwurf einer Verpackung DM 1 800,–/EUR 920,33
   (15 Stunden à DM 120,–/EUR 61,35)

2. Nutzung räumlich: europaweit Faktor 1,0
   +Nutzung zeitlich: 5 Jahre Faktor 0,3
   +Nutzung inhaltlich: einfach
   (nur für Verpackung) Faktor 0,1

   Nutzungsfaktor insgesamt 1,4

5.

Diesen Faktor multipliziert man mit dem zuvor errechneten Betrag für die Entwurfsarbeiten:
DM 1 800,–/EUR 920,33 x 1,4 = DM 2 520,–/EUR 1288,46
und erhält somit den Betrag für die Nutzungsrechteinräumung. Die beiden Summen addiert

1. DM 1 800,–/EUR 920,33 Entwurf plus
2. DM 2 520,–/EUR 1288,46 Einräumung der Nutzungsrechte ergibt

DM 4 320,–/EUR 2208,79 als Gesamtvergütung.

Hinzu kommt der reine Zeitaufwand für Recherche, Reinausführung, Drucküberwachung und eventuell anfallende weitere Sonderleistungen und Besprechungstermine.

Natürlich hat ein solch umfassendes Tarifwerk nicht nur Bedeutung für die Mitglieder von zwei Designverbänden, sondern jeder selbständige Designer kann und sollte sich danach richten, schon aus dem einfachen Grund, weil dieses Werk auch vielen Auftraggebern, vor allem Geschäftsführern von Werbeagenturen und den Werbe- und Marketingleitern der Industrie, vorliegt. Außerdem ist es natürlich ganz im Sinne eines Tarifverbandes, wenn sich möglichst viele Partner an die von ihnen vereinbarten Bedingungen halten.

Der BDG empfiehlt seinen Mitgliedern eine Berechnung nach dem sogenannten Vier-Faktoren-System, und zwar nach
- Grundvergütung Entwurf
- fachlicher Qualifikation des Gestalters
- Schwierigkeitsgrad des Auftrages
- Zeitaufwand in Stunden

Diese vier Faktoren multipliziert, ergeben die Gesamtvergütung für den Entwurf.

Hinzu kommt die Ermittlung der Nutzung nach Nutzungszweck, Nutzungsumfang, Nutzungsart, Nutzungsdauer und Nutzungsgebiet. Das gesamte Kalkulationsprogramm basiert auf eigenen, individuellen Werten (Stundensatz, Schwierigkeitsgrad etc.), die in ein vorgegebenes Programm einzugeben sind.

Ein Mustergutachten mit Berechnungsbeispielen nach AGD Tarifvertrag und BDG Kalkulationssystem ist im Anhang unter Punkt 7.1 abgedruckt.

5.4 Bemerkung zu den einzelnen Berechnungsbeispielen

Wir haben für dieses Buch sehr unterschiedliche Auftrags- und Berechnungsbeispiele zusammengetragen: Vom Einzelplakat über preisgekrönte Plakatserien, Corporate Design-Konzepte für Marken, Kommunen und Konzerne, Gestaltungskonzeptionen zu Verpackungen, Büchern und Imagebroschüren, Kampagnen für Ausstellungen und einen Spielfilm. Vieles, was einem Designer in einem ganz normalen Auftragsjahr auf den Tisch kommt.

Bewußt haben wir Designbüros mit einem gewissen Bekanntheitsgrad und den entsprechenden Aufträgen gewählt, auch um zu zeigen, daß unter Kollegen sehr wohl über Kosten und Konditionen gesprochen wird und das Thema Geld kein Tabu ist.

Fast allen Aufträgen lag ein Angebot zugrunde, oder es waren zumindest die Berechnungsmodalitäten bekannt. In allen Beispielen

5.

– bis auf eine Ausnahme – wurde auch die Nutzungsvergütung definiert, die für alle Auftraggeber eine bekannte Größe darstellt.

Um die einzelnen Aufträge nachvollziehen und untereinander vergleichen zu können, sind sie als Fallbeispiele chronologisch nach folgendem Schema gegliedert:
- Auftraggeber
- Gestalter
- Definition der Aufgabe
- Auftragsablauf
- Vergütung
- Bemerkungen.

In der Rubrik „Auftragsablauf" wird bei allen Beispielen das Thema Vergütung thematisiert, das von den einzelnen Gestaltern unterschiedlich als Angebot, Bestätigung oder in detaillierten Verträgen (Deutsche Bahn, Stadt Heidelberg) fixiert ist.

Die Rubrik „Bemerkung" weist ein persönliches Resümee des Gestalters aus, zum Teil auch eine subjektive Einschätzung der Autorin.

Allen Fallbeispielen liegen Rechnungskopien oder beglaubigte Angaben zugrunde, wofür wir den beteiligten Gestaltern herzlich danken. Diese Offenheit und Transparenz sollte beispielhaft für jeden Designauftrag sein. Sie soll aber vor allem die jüngeren Designer ermuntern, ihre Konditionen und die zu erwartende Leistung klar zu artikulieren, damit der potentielle Auftraggeber Sicherheit in der Entscheidung für seinen künftigen Partner bekommt.

6. Berechnungsbeispiele der Designer

6.1 Anna B. Design, Berlin
Grafische Ausstattung für den Film
„Lola und Bilidikid"
Auftraggeber: Delphi Filmverleih, Berlin

Aufgabe
Gestaltung der Werbemaßnahmen für den Film „Lola und Bilidikid", eine Gemeinschaftsproduktion von Zero Film, WDR/arte und CO Produktion.

Zur Ausstattung gehörten:
- Plakat im Format DIN A1, 4farbig
- Flyer im Format DIN A4, 4/4farbig
- 6 Aushangfotos, Format DIN A4, 4farbig
- Werbe-Ratschlag (branchenüblicher Begriff für einen A4-Folder mit Anzeigen-Vorlagen in SW sowie kurzen Angaben zum Film)
- 8 Anzeigen für Stadtmagazine, unterschiedliche Formate in 4c
- Postkarte 4c, Format 148 x 95 mm
- CD-Cover (nur Gestaltung des Frontcovers in 4c)
- Presseheft-Umschlag 4c (Titel und Rückseite)

Art Direction: Anna Berkenbusch
Gestaltung: Anna Berkenbusch und Katrin Schek

Auftragsablauf
Delphi verleiht den Film in Deutschland und beauftragte Anna Berkenbusch mit allen werblichen Maßnahmen für den deutsch-

sprachigen Raum. Aufgrund langjähriger Zusammenarbeit wurde der Auftrag mündlich erteilt und der Umfang definiert.

Ein schriftliches Angebot gab es nicht, da dem Auftraggeber die Berechnungsmodalitäten bekannt sind: DM 200,–/Stunde für kreative Leistungen, DM 100,– für ausführende Tätigkeit.

Im Rahmen eines Briefing-Gesprächs wurde der Rohschnitt vorgeführt und besprochen, wie der Film vermarktet werden soll: mit welchem Anspruch, welchem Slogan, welchem Titel.

Um die kommunikative Richtung aufzuzeigen, wird – als Basis für die weiteren Arbeiten – in einem sehr frühen Stadium eine Vorab-Präsentation anberaumt, um die Richtung zu fixieren und sehr zügig alle Arbeiten ausführen zu können.

Die produktionstechnische Abwicklung wurde extern vergeben, da für diese Arbeiten ein Pool qualifizierter Partner zur Verfügung steht. Bevor die Werbemittel zum Druck gehen, zeichnet sie der Auftraggeber als druckfrei ab. Die Druckabnahme an der Maschine übernehmen Anna Berkenbusch oder Katrin Schek.

6.

Vergütung
- Plakat und Anzeigenmotiv „Lola", beide in 4c   DM   6 000,–
- Typografische Bearbeitung, Abwicklung,
  Korrekturen sowie Plazierung
  unterschiedlicher Logos   DM   1 300,–
- Datenverwaltung/Datenträger   DM   134,–

Nutzung:
Die unbegrenzte Einräumung der Nutzungsrechte für den deutschsprachigen Raum ist in dem Betrag von DM 6 000,– enthalten.
Für den Motiveinsatz in weiteren Medien oder im fremdsprachigen Raum wird die Nutzung erneut verhandelt.

Aushangsätze
- Entwurf und Stand des Aushang-Logos,
  Nutzung des Plakatschriftzuges, Bildauswahl
  und Ausschnittbestimmung   DM   1 600,–

CD-Cover, Postkarte, Flyer   DM   3 100,–

Anzeigen
- Adaption des Grundentwurfs auf die
  verschiedenen Formate, typografische
  Bearbeitung und Produktionsüberwachung   DM   1 600,–

Werberatschlag
- Entwurf, typografische Bearbeitung
  und Produktionsüberwachung   DM   2 375,–

Umschlag, Presseheft
- Entwurf, Typo, Abwicklung
  sowie Nutzung im deutschsprachigen Raum   DM   850,–

Autorenkorrektur   DM   150,–

Gesamtvergütung   DM 17 109,–/EUR 8748,–

Die Gesamtsumme von DM 17 109,– bezieht sich auf alle vorgenannten Medien einschließlich der unbegrenzten Nutzung im deutschen Sprachraum beziehungsweise für die erste Auflage.

Bemerkungen
Da sich Auftraggeber und Gestalterin kennen, was eine gewisse Vertrauensbasis voraussetzt und den Auftragsablauf erleichtert, sind Arbeitsweise, Qualität der Arbeit und Konditionen bekannt. Die Gliederung und Aufschlüsselung aller Gestaltungsarbeiten sowie der angefallenen Kosten ist daher für den Auftraggeber, aber auch für den Leser, gut nachzuvollziehen.

Der Weltvertrieb „Lola" hat seinen Sitz in New York. Wenn dieser nun das deutsche Artwork an Verleiher in anderen Ländern weitergeben möchte, muß ein weiteres Entgelt für die Nutzung gezahlt werden. Noch während der redaktionellen Arbeit kam von Anna Berkenbusch die Information, daß jetzt auch die Rechte für den internationalen Vertrieb des kompletten Artworks verkauft wurden, was mit weiteren $ 4 000,– berechnet wurde.

Einige Verleiher haben Schwierigkeiten mit dieser Staffelung von Nutzungsrechten. Daher wird bei Filmausstattungen häufig das ausschließliche Nutzungsrecht gleich zu Beginn eingeräumt.

6.

6.2 Joy Busse, Busse Design USA
Internet-Strategiekonzept für den Airport Club Frankfurt
Auftraggeber: Airport Club Frankfurt

Aufgabe
Der Airport Club Frankfurt ist ein exclusiver Treffpunkt für Geschäftsreisende aus aller Welt, die hier im Zentrum Europas, nur wenige Gehminuten vom Flughafen entfernt, ideale Voraussetzungen für geschäftliche Zusammenkünfte, Konferenzen und Tagungen finden.

Die Aufgabe von Joy Busse war es, ein Strategiekonzept für ein inhaltlich anspruchsvolles und zielgruppenspezifisches Online-Angebot zu entwickeln, wobei der Auftritt keinen werblichen Charakter haben sollte. Vielmehr hatten Kommunikation und Funktionalität einen hohen Stellenwert. Die Corporate Identity des Clubs mußte eingehalten werden.

Im Gespräch mit den Auftraggebern wurde deutlich, daß es sich bei diesem Web-Auftritt um ein mehrseitiges Informations- und Service-Angebot ausschließlich für die Mitglieder des Clubs handeln sollte.

Erfahrungsgemäß werden die Club-Mitglieder, die überwiegend im Top-Management angesiedelt sind, das Internet-Angebot nicht persönlich nutzen, sondern durch Sekretariat oder Assistenten abfragen lassen. Somit kristallisierten sich zwei Zielgruppen heraus:
• Assistenz/Vorstandssekretariat der Top-Manager
• Junior-Manager/Consultants der Altersklasse 27-49.

Auftragsablauf

Mit schriftlichem Angebot von Busse Design USA vom 22. Juli 1998 an den Airport Club wurden bereits Lösungen zum inhaltlichen Angebot vorgestellt, die in einer Flowchart grafisch aufbereitet vorlagen.

Das Strategiekonzept ist als Empfehlung für die Site-Struktur zu verstehen. Eine Feinkonzeption erfolgte nach Auftragserteilung. Ziel dieser Vorleistung ist es, Anregungen und Empfehlungen für einen professionellen Auftritt zu geben und die verschiedenen Möglichkeiten der Realisierung aufzuzeigen sowie auch die notwendigen Schritte beim Aufbau einer Website transparent zu machen.

Das Strategiekonzept überzeugte auf Anhieb und der Auftrag wurde erteilt. Die Gesamtinvestition von voraussichtlich DM 100 000,–/EUR 51 130,– war Bestandteil des Angebotes.

Als Partner zur Projektleitung setzte Busse Design USA die Firma TWG (The Webworker Group) ein, um eine persönliche Betreuung während der gesamten Projektlaufzeit zu gewährleisten. Die inhaltliche und textliche Konzeption erfolgte durch das Partnerunternehmen in enger Zusammenarbeit und Abstimmung mit dem Airport Club. Für die gestalterische Realisierung, Programmierung und Funktionalität zeichnet Busse Design USA verantwortlich.

Der Aufbau umfaßt 5 Themenbereiche:
1. Infos über den Club
   Zahlen und Daten, Philosophie, Mitgliedschaft, Clubvorteile, Partner-Clubs etc. (6 statische Seiten)
2. Infopoint
   Vorschau auf Club-Magazin, Veranstaltungskalender, Kulinarium (6 dynamische Seiten)

6.

3. News
Tagesmenüs, freie Räume, Hinweise, Presse
(3-4 dynamische Seiten)

4. Events
Einladung und Programm, Report, Künstler-Porträt
(3-4 dynamische Seiten)

5. Online-Services
Speisenangebot und Restaurant-Buchung, Buchung von Räumen, Sekretariats- und Dolmetscher-Service, Hotelreservierung etc.

Insgesamt ca. 100 Webseiten einschließlich der Buchungsformulare. Eine Mischung aus statischen und dynamischen Seiten, die je nach Bedarf vom Club-Team in eigener Regie aktualisiert werden können (Aufwand ca. 20 Stunden im Monat). Die redaktionellen Seiten werden laufend von Busse Design USA aus betreut. Eine Ausweitung in die Tiefe pro Themenbereich ist jederzeit ohne Beeinträchtigung der CI und Funktionalität möglich.

Vergütung

1. Konzeptionelle Arbeiten
- Strategieberatung und Grobkonzeption der Site-Struktur — ohne Berechnung
- Strukturelle und inhaltliche Feinkonzeption — DM 8 600,–
- 2 Design-Konzepte — DM 16 200,–
- Erstellung einer Navigationsmappe (Site-Map) — DM 1 950,–

Zwischensumme 1 — DM 26 750,–

2. Realisierung
- Design, Text, Programmierung Textliche Feinkonzeption — DM 2 200,–
- Site-Konstruktion in englischer und deutscher Sprache (HTML und Java) — DM 22 000,–
- Erstellen aller notwendigen Grafiken (Buttons und andere Grafiken, 8 Illustrationen); Umwandlung in „webready" Art — DM 18 600,–
- Programmierung der Scripts für aktive Komponenten: Menükarte, Veranstaltungskalender, Buchungskalender und Formulare — DM 15 000,–
- Übersetzung der Texte und Formulare ins Englische — DM 4 000,–
- Quality Assurance auf Testserver — ohne Berechnung

Zwischensumme 2 — DM 61 800,–

3. Einmalige Investition
- Nutzungsvergütung — DM 15 000,–
- Dokumentation und Einweisung des Teams — DM 1 200,–

Gesamtsumme netto — DM 104 750,–/EUR 53 558,–

6.

Hinzu kommen die Kosten für Installation, Domain-Registrierung und Web-Hosting.

Bemerkungen

Ein exklusiver Auftritt für einen exklusiven Club, der unter „www.airportclub.de" zu finden ist. Die ausnahmsweise kostenlose Vorleistung in Form eines Grobkonzeptes stellte sich als gute Grundlage für die vielschichtige Aufgabenstellung heraus, die dann in zwei alternativen Designkonzepten präsentiert wurde.

6.3 Buttgereit und Heidenreich, Haltern am See

Corporate Design für „mono"
Auftraggeber: mono Metallwarenfabrik, Mettmann

Aufgabe

Zunächst wurde ein Auftrag zur Entwicklung einer neuen Verpackungslinie der Produkte erteilt. Im Prozeß der Erarbeitung wurde jedoch deutlich, daß „mono" zwar einen hohen Standard im Design hat – und auch einzelne Drucksachen gut gestaltet sind – daß aber ein ganzheitliches Corporate Design-Konzept als Grundlage fehlt. Außerdem stellte sich die Frage, welche Relevanz das „mono"-Signet neben der Wortmarke „mono" hat, da „mono" sich von der Besteckmanufaktur zu einer herausragenden Marke im Bereich Tischkultur entwickelt hat.

Im Laufe der ersten Entwürfe für Verpackungen wurde daher ein Angebot für eine Corporate-Design-Konzeption unterbreitet. Zwangsläufig flossen erste Gedanken zum Thema CD bei der Entwicklung der Verpackungen bereits ein.

Die Notwendigkeit einer ganzheitlichen CD-Konzeption überzeugte den Kunden, und er erteilte den entsprechenden Auftrag.

Ziel war es, „mono" als Marke für eine deutsche Manufaktur mit über 100jähriger Geschichte und einer Tradition als designorientiertes Unternehmen neu zu positionieren. Die gestaltete Wortmarke „mono", die seit 40 Jahren bestand, sollte mit der Einbindung in eine Corporate Design-Konzeption eine stärkere Präsenz im Handel bekommen. Wichtig war den Gestaltern, mit dem Konzept deutlich auf der Basis des ursprünglichen Selbst-

6.

verständnisses zu bleiben, welches sich in der Produktgestaltung durchgängig gehalten hat.

Auftragsablauf

Konkrete Gespräche über eine mögliche Zusammenarbeit wurden im April 1998 geführt, der Auftrag zur CD-Konzeption im Dezember 1998 erteilt. Die Präsentation erfolgte Mitte Januar 1999, da Produkt-Verpackungen bereits zur Frankfurter Messe „Ambiente" Ende Februar 1999 fertig sein mußten.

Nach den ersten Gesprächen über ein neues Corporate Design wurde ein entsprechendes Angebot in Höhe von DM 25 000,– unterbreitet und der Auftrag erteilt. Dieser Betrag beinhaltet die Entwicklung eines neuen Erscheinungsbildes einschließlich der ausschließlichen Nutzungsrechte, zeitlich und räumlich unbegrenzt. Basis des Auftrages waren die „Allgemeinen Vertragsgrundlagen AGD".

Mit großem Respekt und bewußter Zurückhaltung gingen die Designer an die Arbeit. Eine genaue Analyse, welche Qualitäten des bisherigen Erscheinungsbildes im Hinblick auf die Kontinuität der Markenpräsenz zu erhalten sind, bildete die Grundlage.

Konzeptionell berücksichtigt wurden vor allem folgende Punkte:
- Stärkung der Produktpräsenz neben der umgestalteten Marke
- Rückkehr zur ursprünglichen Eigenständigkeit
- Realisierung einer zeitgemäßen (nicht modernen) CD-Lösung
- Reduktion der Mittel als zentrale Gestaltungskomponente.

Vergütung

Wie angeboten, wurden DM 25 000,–/EUR 12 782 für das Design-Konzept berechnet.

Folgende Leistungen sind in dieser Vergütung enthalten:
- Briefing, Recherche, Zustandsanalyse, Definition und Abstimmung der Zielsetzung
- Konzeption einer visuellen Grundstruktur mit ersten Entwurfsschritten für die Anwendung (anhand konkreter Objekte) und Präsentation dieser Konzeption
- Konzeption zum Thema Claim
- Konzeption und Entwicklung einer Grundlage bzw. Systematik für die Verwendung der Marke „mono" im Blick auf die Kennzeichnungen von Produkten und Verpackungen, aber auch auf Geschäftspapieren, Prospekten, Katalogen und Verkaufshilfen (Mit der Entwicklung von visuellen Konstanten und der flexiblen Einbindung von Variablen wird ein System miteinander verzahnter Design-Elemente geschaffen).

6.

Extra berechnet wurden alle Fahrtkosten sowie eine Pauschale für Material, Farbdrucke, Versand und Fax in Höhe von 5 Prozent des Auftragswertes.
Die Hälfte der Vergütung wurde vor der Präsentation, der Rest unmittelbar danach berechnet und bezahlt.

Bemerkungen

DM 25 000,– für die Design-Konzeption eines solch renommierten Unternehmens erscheinen zunächst nicht gerade üppig. Man kann den Auftrag jedoch nicht isoliert sehen, da ursprünglich allein die Verpackungslinie zur Diskussion stand und auch vergütet wurde. Des weiteren werden kontinuierlich alle Werbemittel nach dem neuen Konzept überarbeitet, was weitere Aufträge bedeutet. Die Studio-Inhaber schildern Arbeitsablauf und -abwicklung trotz zeitlichen Drucks und damit verbundenen Stresses als ausgesprochen klar und transparent für beide Seiten. Durch die bestehende freundschaftliche Beziehung war der Auftrag von Anfang an durch gegenseitiges Vertrauen gekennzeichnet.

Angebot und Bestätigung erfolgen bei Buttgereit und Heidenreich grundsätzlich schriftlich, was auch für Erweiterung von Aufträgen gilt. Eine gute Voraussetzung für die positive Grundstimmung einer Geschäftsbeziehung.

6.4 cyclos design, Münster

Konzeption einer Verpackungslinie für Ostmann-Gewürze
Auftraggeber: Ostmann Gewürze, Dissen

Aufgabe

Neukonzeption einer Gewürzrange, bestehend aus 41 Flachverpackungen. Die Leistung umfaßt Konzeption (Vorder- und Rückseite der Beutel), Entwurf, Fotoregie, Reinzeichnung und Drucküberwachung. Angestrebt war nicht nur eine neue, ansprechende Optik, sondern auch das Ziel, ein junges Publikum durch pfiffige Rezepte an Ostmann Gewürze zu binden.

Auftragsablauf

Nach ausführlichen Briefinggesprächen begannen Jutta Schnieders und Frank Seepe mit den Entwürfen, was recht unterschiedliche Gestaltungsmöglichkeiten aufzeigte. Mehrere Zwischenpräsentationen mit Abstimmungsgesprächen führten dann zum endgültigen Ergebnis:

- eine atmosphärische Bildsprache mit klarer Typografie für die Vorderseite
- Erläuterungen zum jeweiligen Gewürz und Anwendung auf der Rückseite
- des weiteren ein typisches Rezept mit den erforderlichen Zutaten
- sowie eine themenbezogene Illustration.

Aufgrund früherer Aufträge bestand ein guter Kontakt zwischen Auftraggeber und Design-Team, so daß die Aufgabenstellung klar definiert wurde, die Gestalter jedoch viel Freiraum bezüglich der Realisierung hatten.

6.

Ein Angebot war nicht erforderlich, lediglich ein Kostenvoranschlag des Food-Fotografen.

Die einheitliche Gestaltung der 41 Flachbeutel erwies sich aufgrund der Recherche nach Rezepten und dem für den Druck erforderlichen einheitlichen Aufbau als recht zeitaufwendig und dauerte mehrere Wochen. Die produktionstechnische Abwicklung – sie wurde ebenfalls von den Gestaltern übernommen – bis zum fertigen Druck erstreckte sich über weitere 12 Wochen.

Vergütung
Für den Gesamtauftrag wurden 2 Rechnungen gestellt:

Rechnung 1:
Gestaltung, Einräumung von Nutzungsrechten, produktionstechnische Abwicklung:
- Konzeption und Gestaltung von 41 Verpackungen
- Illustrationen für die Rückseiten
- Texte zur Erläuterung des jeweiligen Gewürzes incl. Rezept und Zutatenliste für das Rezept
- Texterfassung und -konvertierung
- einheitlicher Aufbau von 41 Verpackungen, Reinzeichnung

- Fotokonzeption und -regie
- digitale Bildbearbeitung
- Drucküberwachung

Endsumme: DM 100 000,–/EUR 51 130,–

In dieser Summe ist das ausschließliche Nutzungsrecht für eine Zeitdauer von 5 Jahren für den deutschsprachigen Raum enthalten. Danach wird neu verhandelt.

Rechnung 2:
Material und Fremdkosten
Hier wurde sämtliches Material sowie die angefallenen Fremdkosten aufgelistet.

Endsumme: DM 20 000,–/EUR 10 226,–

Bemerkungen
Aufgrund des guten Kontaktes und eines kompetenten, fairen Marketingleiters war das Auftragsklima sehr gut. Es zeugt überdies von großem Vertrauen, daß bei diesem Auftragsvolumen keine Vorab-Kalkulation eingereicht werden mußte.

Der Auftraggeber konnte die Rechnungssumme nachvollziehen. Sie wurde innerhalb von drei Wochen bezahlt.

Die Summe von DM 100 000,– erscheint zunächst recht hoch. Teilt man jedoch den Betrag durch 41 unterschiedliche Verpackungen (incl. Rezepten, Illustrationen, einschließlich Nutzungsrechtsübertragung sowie der gesamten produktionstechnischen Abwicklung), ergibt sich pro Packung ein durchaus angemessener Betrag von DM 2 439,– für die erbrachte Leistung.

6.

6.5 Factor Design, Hamburg

Ausstellungskampagne „Philippe Starck"
Auftraggeber: Jahreszeitenverlag Hamburg

Aufgabe

Für die Ausstellung „Philippe Starck – Designer des Jahres 1999" der Zeitschrift „Architektur und Wohnen" war eine Ausstellungskampagne mit prägnantem Wiedererkennungseffekt zu entwickeln. Zentrales Motiv sollte eine Art „key visual" sein, das sich problemlos auf alle Ausstellungsmedien übertragen läßt.

Erwünscht waren
- Anzeigen
- Plakate
- Einladungen
- Postkarten
- Notizbücher
- und T-Shirts.

Auftragsablauf

Unmittelbar nach der Anfrage im November 1998 erfolgte das Briefing-Gespräch. Zwei Wochen später wurde präsentiert. Zwischen Präsentationsphase und der ersten Anzeige (Anfang Dezember 1999) hatte der Illustrator Felix Reidenbach, ein externer Designer, Zeit für sein Artwork.

Auf Wunsch des Kunden wurde ein Angebot zu einem Festpreis abgegeben, das sich nach Kalkulation von Factor Design auf DM 20 000,–/EUR 10 226,– belief, zuzüglich DM 6 000,–/EUR 3 068,– für den externen Illustrator.

Ein Teil der Produktionsüberwachung, die ursprünglich der Verlag übernehmen wollte, wurde zusätzlich von dem Design-Team abgewickelt und mit weiteren DM 2 000,– veranschlagt.

Alle Koordinations- und Abstimmungsarbeiten verliefen in einer guten Arbeitsatmosphäre, pünktlich und zur Zufriedenheit des Kunden.

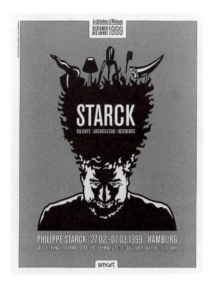

Vergütung

Wie vereinbart, wurde für die Medien der Ausstellung „Philippe Starck" (Plakat, Anzeige, Einladungskarte, Postkarten, Notizbuch und T-Shirt) eine Vergütung von DM 20000,– berechnet, zuzüglich DM 6000,– für den Illustrator. Der Gesamtbetrag von DM 26000,–/EUR 13294,– beinhaltet Entwurf, Ausführung aller Arbeiten und Übertragung der Nutzungsrechte für das zeitlich und räumlich begrenzte Event in Hamburg.
Hinzu kamen – wie ebenfalls vereinbart – DM 2000,–/EUR 1023,– für die Überwachung der Produktionsarbeiten.

6.

Bemerkungen

Wenn man die Vergütung für den Illustrator abzieht, verbleiben DM 22000,– für das gesamte Artwork: Übertragung des Motives auf sechs unterschiedliche Medien einschließlich der jeweils erforderlichen typografischen Elemente. Plus Präsentation, Besprechungszeiten sowie Einräumung von Nutzungsrechten.

Der Zeitaufwand lag bei 150 Stunden, was einem Stundensatz von DM 150,– entspricht. Ein angemessenes Entgelt für diese plakative Ausstellungskampagne, und nach Aussagen von Johannes Erler, Geschäftsführer von Factor Design, höchst inspirativ und vor allem kostendeckend.

6.6 Groothuis & Consorten, Hamburg

Direktwerbung für Christians Druckerei & Verlag
Auftraggeber: Christians Druck und Verlag GmbH

Aufgabe

Ein liebenswürdiger Kunde mit kleinstem Budget
– Christians Druck – will „etwas Besonderes, das in Hamburger Agenturen Aufmerksamkeit und Neugier weckt".

Auftragsablauf

Christians Druckerei ist eine ambitionierte, für ihre Druckqualität über Hamburg hinaus bekannte Druckerei. 1997 wurde für einen nennenswerten Betrag eine neue Maschine gekauft, die besondere Dinge leisten kann. So druckt sie bis zu 400 g/qm-Karton, kann Farbe und Düfte gleichzeitig drucken, prägen und vieles andere mehr.

Ziel war es, diese besonderen Leistungen in Hamburger Agenturen bekannt zu machen, und zwar möglichst in einer Form, die auch von Agenturen als Besonderheit gewertet wird. So wurde die Idee einer Direktwerbung, bestehend aus sechs Postkarten entwickelt, die in Text und Optik wirklich aus dem Rahmen fallen.

Die einzelnen Postkarten thematisieren die Fähigkeiten der Maschine: „Pappkamerad" für die auffallende Grammatur, „Lackaffe" für die verschiedenen Lacke, die gleichzeitig aufgebracht werden können, „Stinkstiefel" für Duftdruck etc. Die „Möchtegern-Karte" lud schließlich zu einem „Halben-Tag-der-offenen-Tür".

Der Erfolg blieb nicht aus: Viele Agenturen kamen zum vereinbarten Termin. Zahlreiche Kontakte mit Folgeaufträgen erfreuten

6. Druckerei und Gestalter bei Groothuis & Consorten.
Ein Angebot oder einen Kostenvoranschlag gab es nicht. Mündlich wurden DM 600,– pro Karte einschließlich Nutzung vereinbart.

Vergütung
Wie vereinbart wurden für 6 Karten jeweils DM 600,–/EUR 307,–, also DM 3 600,–/EUR 1 840,–,für diese kleine, aber feine und höchst erfolgreiche Direktaktion berechnet. Dieser Betrag beinhaltet die Nutzung für den einmaligen Event in Hamburg.

Bemerkung
Groothuis & Consorten schreibt: „Es war ein heiterer Auftrag". Dies glauben wir zweifellos, dennoch sind wir der Meinung, daß die Vergütung für solch ein prägnantes, mittlerweile „preisgekröntes" Ergebnis ein absoluter „Freundschaftspreis" ist. Dennoch: Ein Auftrag, wie er immer mal wieder vorkommt unter Geschäftspartnern. Wenn Christians Druck sich bei Groothuis-Aufträgen gelegentlich mit einer Sonderleistung revanchiert, ist das partnerschaftliche Gleichgewicht wieder im Lot.

6.7 Gesine Grotrian-Steinweg und Fons M. Hickmann, beide Düsseldorf

Multimediaprojekt „www.cairos.de"
Auftraggeber und zugleich Gestalter:
Kunst- und Kulturinitiative „escale"
Musikgruppe „nonex"
Gesine Grotrian-Steinweg und Fons M. Hickmann

Aufgabe

Mitte 1998 setzten sich einige Designer, Künstler und Musiker aus Düsseldorf an einen Tisch und planten das Multimediaprojekt „cairos". Entstehen sollten interaktive, interdisziplinäre Webseiten, wo Ausstellungen stattfinden, Musik zu hören und Design zu sehen ist. Angestrebt ist ständige Aktualität, um eine breite Zielgruppe für „cairos" zu interessieren.

Beteiligt sind vier Partner:
- die Kunst- und Kulturinitiative „escale"
- die Musikgruppe „nonex"
- die Designer Gesine Grotrian-Steinweg
- und Fons M. Hickmann.

Die umfangreichen Arbeiten für diese Webseiten, bestehend aus:
- Text
- Foto
- Design
- und Programmierung

sollten von den beteiligten Akteuren gemeinsam erarbeitet, jeweils wertmäßig erfaßt und gegenseitig in Rechnung gestellt werden. Die Begleichung der Aufwendungen war als Kompensation in Sachwerten geplant.

6.

Auftragsablauf

Nach einem ausführlichen Briefing-Gespräch und der Festlegung, wer welche Leistungen für das Gemeinschaftsprojekt erbringen wird, wurden gemeinsam die entsprechenden Stundensätze fixiert:

- Analyse und Konzeption   DM   140,–
- Screen-Design   DM   120,–
- HTML-Umsetzung   DM   80,–
- Programmieren   DM   80,–
- Lektorat   DM   80,–
- Produktion   DM   80,–
- Text   DM   100,–
- Musik   DM   120,–
- Scannen   DM   60,–

Anhand dieser Stundensätze für die einzelnen Arbeitsschritte bis zur Veröffentlichung im Netz ließ sich das gesamte Projekt für die spätere gegenseitige Verrechnung kalkulieren. Ausstehende Beträge der Kunstinitiative und der Musikgruppe wurden in Kunstwerken beziehungsweise CDs vergütet. Hierfür gab es folgende Wertschätzung:

Musik CD: DM   30,–

Kunstwerke: Preisstufe A   DM   1 000,–
            Preisstufe B   DM   2 000,–
            Preisstufe C   DM   3 000,–

Ziel war eine optimale interaktive Leistung aller beteiligten Partner, die wertmäßig aufgelistet und durch Kompensation beglichen wird.

Den Kostenvoranschlag erstellten alle Beteiligten gemeinsam:
- Analyse und Briefing-Gespräche   je 5 Stunden
- Konzeption der „cairos"-Website mit 2 Navigationsebenen sowie Entwurf von Gestaltungsparametern   18 Stunden
- Screen-Design: Gestaltung der Homepage mit Navigation   6 Stunden
- Gestaltung der 4 Hauptpages mit Navigation   20 Stunden
- Gestaltung von 34 Einzelseiten (pro Seite 3-5 Stunden)   136 Stunden
- Sound-Design: Soundfiles   4 Stunden
- Fotografie: Erstellen von Bildmaterial   6 Stunden
- Scannen   5 Stunden
- Programmierung: Animation und Flashanimation   6 Stunden
- Eintragen in die relevanten Internet-Suchdienste   4 Stunden
- Erstellen von Javascripten, extern   DM 250,–
- Produktion: Nutzung der Domain „cairos.de"   DM 484,–
- Abwicklung mit der Produktionsfirma   6 Stunden

Zeitlicher Ablauf: 1 Woche Briefing
                   7 Wochen Entwurf und Konzeption
                   8 Wochen produktionstechnische Abwicklung
                   3 Wochen Test- und Korrekturphase

6.

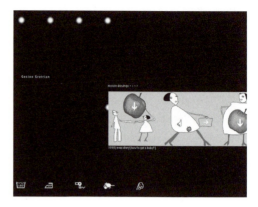

Vergütung

Der tatsächliche Aufwand für den 57 Seiten umfassenden Internet-Auftritt war wesentlich höher als im Kostenvoranschlag fixiert und belief sich auf insgesamt DM 44994,–. Die Hauptleistung erbrachten die beiden Designer Gesine Grotrian-Steinweg und Fons M. Hickmann. Sie stellten insgesamt DM 26980,– in Rechnung, die sich wie folgt aufschlüsseln:

- Analyse und Briefing-Gespräche   DM   700,–
- Konzeption der „cairos"-Website mit
  2 Navigationsebenen sowie Entwerfen
  von Gestaltungsparametern   DM   2520,–
- Gestaltung der Homepage mit Navigation   DM   720,–
- Gestaltung der 4 Hauptpages mit Navigation DM   2400,–
- Gestaltung von 57 Einzelseiten   DM   20520,–
- Technische Kosten (Scannen)   DM   120,–

Addition 1   DM 26980,–/EUR 13795,–

Die Nutzungsrechte für das Medium Internet sind mit der genannten Vergütung abgegolten. Nutzungszweck ist ausschließlich das Internet.

- Externe Kosten: Erstellen von Javascripten   DM   250,–
- Nutzung der Domain „cairos.de"   DM   484,–

Gesamtsumme   DM   734,–

Die Rechnung von „nonex" belief sich auf DM 12 180,– und wies folgende Einzelpositionen aus:
- Briefing-Gespräch   5 Stunden   DM   700,–
- Gestaltung und Erstellen der Soundebene   31 Stunden   DM   3 720,–
- Umsetzen   9 Stunden   DM   900,–
- Bandfotos   7 Stunden   DM   700,–
- Scannen   8 Stunden   DM   480,–
- Programmieren: Animation und Javascripte   24 Stunden   DM   1 920,–
- Produktion: Gespräche mit Vipex   6 Stunden   DM   480,–
- Informationsgespräche zu Indices   2 Stunden   DM   160,–
- Programmieren: weitere Animation und Javascripte   12 Stunden   DM   960,–
- Testserver einrichten   4 Stunden   DM   240,–
- Testing   24 Stunden   DM   1 920,–

Addition 2   DM 12 180,–/EUR 6228,–

Die Rechnung von „escale" wies folgende Leistungen aus:
- Analyse und Briefing-Gespräch   5 Stunden   DM   700,–
- Scannen   6 Stunden   DM   360,–
- Text   14 Stunden   DM   1 400,–
- Bilddokumentation von 12 Ausstellungen   25 Stunden   DM   2 000,–
- Eintragen in alle relevanten Internet-Suchdienste sowie Testen der Site   8 Stunden   DM   640,–

Addition 3   DM 5 100,–/EUR 2 608,–

6.

Addition der einzelnen Rechnungen:
- Gesine Grotrian-Steinweg
  und Fons M. Hickmann   DM   26 980,–
- Fremdkosten   DM   734,–
- Musikgruppe „nonex"   DM   12 180,–
- Kunst- und Kulturinitiative „escale"   DM   5 100,–

Gesamtsumme   DM 44 994,–/EUR 23 005,–

Teilt man den Gesamtaufwand von DM 44 994,– durch die vier beteiligten Partner, hat jeder vereinbarungsgemäß einen Anteil von DM 11 250,– zu tragen. Der finanzielle Ausgleich erfolgte über Sachwerte, das heißt durch die vereinbarte Kompensation.

Bemerkungen

Ein solches Gemeinschaftsprojekt, wo Auftraggeber und Auftragnehmer identisch sind, ist zwar nicht alltäglich, doch ein gutes Beispiel für interdisziplinäre Design-Aufgaben in eigener Sache. Vorbildlich ist die detaillierte Auflistung und Bewertung der anstehenden und erbrachten Leistungen sowie die getroffene Vereinbarung zur Abgeltung.

6.8 Fons M. Hickmann, Düsseldorf

Gestaltung des Architekturbuches
„Bauten und Projekte"
Auftraggeber: Busse & Geitner

Aufgabe

Gestaltung eines repräsentativen Buches für das Architektenteam Busse & Geitner. Format 24,5 x 31,5 cm. Als erste größere Publikation eines jungen Teams sollte das Buch imageprägenden Charakter haben und aus Vertriebsgründen in einem Verlag erscheinen.

Auftragsablauf

Nach Auftragserteilung erarbeitete Fons M. Hickmann zunächst ein Buchkonzept: Entwurf und Entwicklung von Gestaltungsparametern für Format, Schrift, Bildbehandlung und Farben, Wahl des Papiers, des Umschlages und der Bindeform.

Für diese Konzeption wurden DM 3 800,– vereinbart, die allerdings mit dem späteren Gesamtbetrag zu verrechnen waren.

Für den gesamten Umfang von 112 Seiten einschließlich Titel veranschlagte Fons Hickmann rund DM 26 000,–. Ein Betrag, der den finanziellen Rahmen des Architekten-Teams überstieg, so daß er überlegte, wo Einsparungen möglich sind.

Daher reduzierte er den Betrag für die reinen Bildseiten und in Anbetracht des interessanten Projektes verzichtete er zusätzlich auf die veranschlagte Summe für die Titelgestaltung, so daß nun ein Betrag von rund DM 20 000,– zur Diskussion stand und akzeptiert wurde.

6. Dieser Betrag beinhaltete:

- das Konzept   DM   3 800,–
- die Vergütung der Textseiten, je   DM   150,–
- der Bildseiten, je   DM   120,–
- Realisationskosten (Kontrolle Druckfilme)   DM   600,–
- Art- und Präsentationsmaterial   DM   350,–

In der Gesamtsumme von DM 20 000,– ist die Abgeltung der Nutzungsrechte nach § 31 UrhG enthalten; Neuauflagen beziehungsweise Nachdruck werden gesondert vereinbart.

Notiert wurde ferner, daß keinerlei Herstellungskosten in dem Gestaltungshonorar enthalten sind, daß Textänderungen, die über eine Autorenkorrektur hinausgehen, mit DM 140,–/Stunde berechnet werden, ebenso wie externe Termine.

Als Zahlungsweise wurde vereinbart: ein Drittel nach Auftragserteilung, ein Drittel nach der Präsentation, ein Drittel nach Auslieferung des Buches.

Inhalt, Konzeption und Gesamtanmutung wurden in Gesprächen zwischen den Architekten und dem Gestalter festgelegt. Gestalterische Grundlage bot auch eine Image-Broschüre, die Fons M. Hickmann zwei Jahre zuvor für die Architekten erarbeitet hatte. Hervorragendes Bildmaterial des Fotodesigners Dieter Leistner war vorhanden.

Die beteiligten Firmen sitzen an unterschiedlichen Orten, so daß viele Arbeitsschritte zwischen Architekten, Gestalter, Redaktion, Litho und Druck via Datennetz übertragen und abgewickelt wurden.

Vergütung
Wie vereinbart sah die Rechnung folgendermaßen aus:
- Buchkonzept   DM   3 800,–
- 40 Textseiten à DM 150,–   DM   6 000,–
- 60 Bildseiten à DM 120,–   DM   7 200,–
- Umschlag- und Titelgestaltung wurden nicht berechnet
- Drucküberwachung (Andruckkontrolle etc.)   DM   600,–
- Technische Kosten pauschal   DM   350,–
  zusätzliche Kosten
- mehrfache Autorenkorrekturen, Daten-
  transfers, Rohscans, Besprechungen etc.   DM   2 050,–

Gesamtsumme   DM 20 000,–/EUR 10 226,–

Die ausschließlichen Nutzungsrechte für die erste Auflage sind in diesem Betrag enthalten. Zusätzliche Korrekturen wurden nach Stundensatz und Zeitaufwand in Rechnung gestellt.

6.

Bemerkungen

Das Buch wird seinem Anspruch gerecht: Text- und Bildseiten sind typografisch und ästhetisch eine überzeugende Leistung, die bereits vom Type Director's Club in New York mit dem Award für „Typographic Excellence" ausgezeichnet wurde.

Die Seiten sind mit DM 120,– bzw. 150,– (was einem Stundensatz entspricht) äußerst knapp kalkuliert. Dennoch ist der Auftrag so interessant, daß eine Rücksichtnahme auf den finanziellen Rahmen der ebenfalls freiberuflichen Architekten angemessen ist.

6.9 Jung und Pfeffer, Bremen
Plakatserie für die Gemeinde Stuhr
Auftraggeber: Gemeinde Stuhr bei Bremen

Aufgabe
Entwicklung einer Plakatserie - bestehend aus 6 Motiven - für die Gemeinde Stuhr bei Bremen. Ziel ist eine Neupositionierung, damit sich Stuhr verstärkt als innovativer Standort für Gewerbeansiedlungen präsentiert, ohne jedoch den ländlichen Charakter zu verlieren.

Format DIN A1
Termin der Fertigstellung: innerhalb von 8 Wochen

Auftragsablauf
Da Auftraggeber und Gestalter sich bereits kannten, wurde der Auftrag mündlich erteilt. Die Gestalter erläuterten ihre Idee und veranschlagten für 6 Plakate incl. Text, Foto sowie einfacher Nutzungsrechte eine Gesamtvergütung in Höhe von DM 15 000,–

Diese Summe sollte in 3 Dritteln gezahlt werden: bei Auftragsvergabe, Präsentation und Fertigstellung.

Die Auftraggeber konnten sich die Idee zunächst nicht konkret vorstellen. Daher wurden vorab Rohentwürfe präsentiert, die zusätzlich mit DM 1 000,– vergütet wurden.

Aufgrund dieser Vorab-Präsentation akzeptierte der Auftraggeber die Bild- und Textideen, so daß alles innerhalb von 8 Wochen realisiert werden konnte.

6.

Vergütung
Der Gesamtbetrag für Entwurf, Präsentation und Umsetzung der Image-Plakate einschließlich Übertragung der Nutzungsrechte für eine Auflage von je 1 000 Stück belief sich auf DM 15 450,–/ EUR 7 900,–. Hinzu kamen Materialkosten in Höhe von DM 450,–. Dieser Betrag wurde – wie verabredet – in drei Teilbeträgen beglichen.

Bemerkung
DM 15 450,– für 6 Plakate erscheint zunächst sehr wenig. Wenn man aber berücksichtigt, daß die Nutzung nur für 1 000 Exemplare und keine weiteren Werbemittel eingeräumt wurde, ist die Vergütung vertretbar.

6.10 Kitty Kahane, Berlin
Illustrationen für eine Image-Broschüre
Auftraggeber: 3st kommunikation, Mainz

Aufgabe
Illustrationen für eine Image-Broschüre (Titel und Innenseiten) sowie für den Internet-Auftritt einer Incentive-Agentur.
Die Broschüre sollte bundesweit eingesetzt werden, Nutzung zeitlich unbegrenzt.
- Format der Titel-Illustration 20x40 cm
- Format der Innen-Illustrationen 20x20 cm
- Auflage: 3000 Exemplare

Auftragsablauf
Vor Auftragsbeginn waren detaillierte Kostenvoranschläge erwünscht, und zwar:

Kostenvoranschlag 1
- Titel-Illustration einschließlich Nutzung
  (räumlich national, zeitlich unbegrenzt)   DM   3 400,–
- sowie Ausführung von 4 Illustrationen
  für den Innenteil,
  Entwurf, Nutzung wie vor, Ausführung   DM   11 600,–

Gesamt   DM   15 000,–

Ergänzung Kostenvoranschlag 2
- Nutzung einer der Illustrationen
  in einer Fachzeitschrift   DM   1 500,–
- Nutzung aller Illustrationen
  für einen Messeauftritt in Deutschland   DM   1 800,–

6.

Ergänzung Kostenvoranschlag 3
- Nutzung der Illustrationen in einer Broschüre der Muttergesellschaft, Auflage ebenfalls 3 000 Exemplare
- Nutzung Titel-Illustration DM 700,–
- pro weiteres Motiv DM 500,–
- Nutzung der Illustrationen auf Give-aways, Beispiel 500 Tassen DM 1 000,–
(Der Name „Kitty" wird genannt und jedes Give-away muß abgesprochen werden)
- Nutzung der Illustrationen in Stellenanzeigen
- Vignette pro Illustration DM 130,–
- Illustration pro Anzeige DM 350,–

Die von dem Kunden angestrebte Ausschließlichkeit konnte nicht gewährt werden, da dann die Vergütung deutlich höher liegen würde. Nach dem KV 1 wurde der Auftrag zur Ausführung der Illustrationen für die Image-Broschüre erteilt und innerhalb von vier Wochen zur Zufriedenheit erstellt. Auch die Nutzungsvergütung für eventuellen weiteren Einsatz wurde akzeptiert.

Vergütung
Rechnungstext und Rechnungsbetrag sind identisch mit dem ersten Kostenvoranschlag:
DM 15 000,–/EUR 7 670,– für Titel und 4 Illustrationen der Image-Broschüre.

Dieser Betrag beinhaltet das einfache Nutzungsrecht für einen zeitlich unbegrenzten, nationalen Einsatz. Weitere Nutzungen der Illustrationen wurden zu diesem Zeitpunkt nicht gewünscht.

Bemerkungen
Da Kitty Kahane nur ein einfaches Nutzungsrecht eingeräumt hat, kann sie weiteren Interessenten einfache Nutzungsrechte an diesen Illustrationen übertragen, und sie selbst darf ihre Entwürfe ebenfalls nutzen.

Nach Aussagen der Gestalterin war der Auftragsablauf problemlos und verlief in einer guten Atmosphäre. Fragen der Nutzungsrechtseinräumung und entsprechender Vergütung waren dem Kunden geläufig, die Zahlung daher selbstverständlich.

6.

6.11 Ott + Stein, Berlin
Plakat „Java-Turm"
Auftraggeber: Architekturbüro in Hamburg

Aufgabe
Entwicklung eines aussagefähigen, optisch reizvollen Plakates für den Neu- und Umbau eines Hamburger Büro- und Geschäftshauses.

Auftragsablauf
Nach ausführlichen Briefing-Gesprächen mit dem Architekten wurde innerhalb von zwei Wochen der Entwurf zu dem mehrfarbigen Siebdruck-Plakat erstellt.

Bereits vor Auftragsbeginn wurde die Gesamtvergütung in Höhe von DM 5 000,– besprochen und mündlich bestätigt.

Es folgte die produktionstechnische Abwicklung: Reinzeichnung in Freehand, Filmherstellung und Korrektur. Alles lief zur beiderseitigen Zufriedenheit in einem guten Arbeitsklima termingerecht ab.

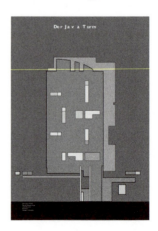

Vergütung
Wie vereinbart wurden für Entwurf, Gestaltung und Herstellungsüberwachung DM 5000,–/EUR 2556,– berechnet. Die Übertragung von Nutzungsrechten ist leider nicht extra ausgewiesen.

Bemerkungen
Nach Rücksprache mit Ott + Stein wird die Übertragung von Nutzungsrechten nur bei größeren Aufträgen, zum Beispiel einem Corporate Design-Konzept, separat ausgewiesen.
Bei kleineren Aufträgen, wie der Gestaltung eines Plakates, verzichten sie darauf. Dennoch ist die Nutzungsrechtseinräumung in diesem Betrag enthalten.

Bereits in der Angebotsphase ist die konkrete Bezeichnung der Nutzungsrechtseinräumung grundsätzlich empfehlenswert,
da sich spätestens bei weiterem Einsatz – zum Beispiel als Prospekttitel – Fragen ergeben, die dann bereits geklärt sind.

6.12 Erwin Poell, Heidelberg
Community Design
Corporate Design für die Stadt Heidelberg
Auftraggeber: Stadt Heidelberg

Aufgabe
1996 beging Heidelberg seine 800-Jahr-Feier. Eine von der Verwaltungsspitze berufene Kommission regte die Entwicklung eines Aktionszeichens an und beauftragte Erwin Poell mit dieser Aufgabe. Es wurde ein Zeichen gesucht, das ohne die typografischen Zusätze für das Jubiläumsjahr als erster Baustein für ein umfassendes Community Design eingesetzt werden könnte.
Die Präsentation fand die volle Unterstützung der Oberbürgermeisterin und mehrheitlichen Beifall in den Entscheidungsgremien.

Auftragsablauf
Pünktlich zur 800-Jahr-Feier waren alle wichtigen städtischen Printmedien auf das neue CD umgestellt. Heidelberg konnte sich – zusammen mit den von einer beauftragten Agentur erstellten Werbemitteln – im gewünschten Erscheinungsbild präsentieren. Das Budget der Verwaltung ist jedoch begrenzt, so daß die einzelnen Aufgabenbereiche des Corporate Design-Konzeptes nach dem Grad ihrer Dringlichkeit gestaltet und – nach Zeitaufwand – abgerechnet werden.

Das Nutzungsentgelt war auf die einzelnen Projekte bezogen, solange noch kein CD-Manual existierte. Dies konnte aus Kostengründen erst zu einem späteren Zeitpunkt realisiert werden, was aber auch Vorteile hatte, da sich bei einer Reihe von Printmedien erst nach längerem Einsatz der Bedarf einer Funktionsoptimierung feststellen ließ.

Als Grundlage dieses umfangreichen Gestaltungsprozesses, der noch nicht abgeschlossen ist, dient ein zehnseitiger Vertrag, der alle Fragen der Vergütung und Nutzungsrechtseinräumung regelt, vor allem aber die oft strittigen Fragen der Nutzungsrechtseinräumung gegenüber Dritten.

Vergütung
Als Berechnungsgrundlagen dienen Erwin Poell die Honorarempfehlungen des BDG. Seinen Stundensatz ermittelt er nach einem persönlichen Schlüssel von 2,2 nach der jeweils aktuellen Ausgabe. Die Berechnung der Nutzung für die einzelnen Projekte erfolgt entsprechend dem Nutzungsgrad: das heißt lokal oder regional, zeitlich unbegrenzt beziehungsweise nach Auflagenhöhe.

Als Nutzungsentgelt für das Stadt-Signet veranschlagte er DM 30000,–/EUR 15339,–, was vom Auftraggeber akzeptiert wurde. Dieser Betrag beinhaltet das ausschließliche, zeitlich und räumlich unbegrenzte Nutzungsrecht.

6. Für die Nutzung des (zeitlich begrenzten) Jubiläums-Signets wurden DM 15 000,–/EUR 7 670,– vereinbart.

Bemerkungen
Von Anfang an war der Gesamtauftrag vertraglich an eine Person gebunden, was die Verantwortlichkeit zwischen Stadt und dem beauftragten Designer eindeutig klarstellte.

Die Abwicklung funktionierte reibungslos, da zwischen Oberbürgermeisterin und den für die Öffentlichkeitsarbeit zuständigen Amtsleitern und dem Designer eine solide Vertrauensbasis besteht. Bei 40 Ämtern in Heidelberg und einer Reihe weiterer Einrichtungen städtischer Trägerschaft wäre es dennoch sinnvoll, wenn dem externen Designer bei der Durchsetzung der gestalterischen Direktiven sowie zur internen Datenverwaltung im Rathaus ein professioneller Ansprechpartner mit Mac-Arbeitsplatz assistierte.

6.13 Gunter Rambow, Frankfurt

Plakatserie für „batsu",
einen Jugendmodenhersteller in Japan
Auftraggeber: „batsu"

Aufgabe

Für „batsu", einen in Japan bekannten Hersteller für Jugendmoden, sollte eine außergewöhnliche Plakatserie mit hohem Wiedererkennungseffekt entwickelt werden. Der Auftraggeber und Inhaber der Firma leitet in Tokio unter anderem ein Museum für Moderne Kunst, ist also mit der internationalen Designszene vertraut und kennt die weltbesten Plakatkünstler.

Auftragsablauf

Der Präsident der japanischen Firma, der bei diesem Auftrag als Art Director agierte, erteilte Gunter Rambow den Auftrag für 3 Plakate im Format 103 x 145,7 cm und übergab ein ausführliches schriftliches Briefing.

Vereinbart wurde eine Vergütung von $ 50 000,– für Entwurf und Einräumung der Nutzungsrechte sowie weitere $ 50 000,– für die komplette Herstellung, die ebenfalls von Gunter Rambow überwacht werden sollte. Hierfür gab es einen schriftlichen Auftrag, der vom Gestalter – ebenfalls schriftlich – bestätigt wurde.

Die Entwurfsphase mit allen Abstimmungen dauerte fünf Monate, wobei Gunter Rambow jegliche Freiheit in der Gestaltung hatte.

Litho und Drucküberwachung wurden vereinbarungsgemäß übernommen. Die Auflage betrug jeweils 2 000 Exemplare, davon je 100 signiert und numeriert.

6. Das endgültige Ergebnis sah der Auftraggeber erst nach Auslieferung und war in hohem Maße zufrieden.

Vergütung

Der Wunsch des Auftraggebers war ein Festpreis für Entwurf plus der ausschließlichen Nutzungsrechte. Vereinbarungsgemäß wurden $ 50 000,– berechnet, eine angemessene Vergütung für diese außergewöhnliche und bereits mehrfach ausgezeichnete Plakatserie, vor allem wenn man den internationalen Bekanntheitsgrad des Gestalters berücksichtigt.

Bemerkungen

Solche gutdotierten Aufträge sind auch bei Gunter Rambow nicht alltäglich. Bei dem Plakatauftrag für das Staatstheater Wiesbaden (nächstes Beispiel) war die Vergütung vergleichsweise gering. Die „Mischung" ergibt aber letztlich die finanzielle Balance. Die „batsu"-Plakate wurden mehrfach ausgezeichnet und werden derzeit im Auktionskatalog bei Paul Rennert, New York, mit $ 3 000,– für die Dreier-Serie gehandelt.

6.14 Gunter Rambow, Frankfurt
Plakatserie für das Hessische Staatstheater Wiesbaden
Auftraggeber: Hessisches Staatstheater Wiesbaden

Aufgabe
Für das Staatstheater Wiesbaden sollte für die Spielzeit 1998/99 eine Serie von 9 Plakaten gestaltet werden, charakteristisch für die jeweilige Inszenierung. Das Budget war knapp, daher sollte möglichst wenig Farbe zum Einsatz kommen.

Auftragsablauf
Nach einem ausführlichen Briefing-Gespräch mit Gunter Rambow wurde der Auftrag für 9 Plakate und ein Übersichtsplakat erteilt. Die Vergütung – DM 15 000,– als Gestaltungsetat – war vom Theater vorgegeben.

Zeitgleich griff Gunter Rambow die Anregung der ggg-Galerie in Tokio auf und produzierte als Fortsetzung der Wiesbaden-Serie eine Sonderedition von 30 Plakaten, diese allerdings in einer limitierten Auflage von jeweils nur 20 Exemplaren. Die Überdrucke wurden für die Fassadenwerbung des großen Staatstheaters zur Verfügung gestellt. Nach sechs Wochen wurden die 10 Auftrags-Plakate dem Intendanten sowie den Spartenleitern des Theaters präsentiert und ohne Korrekturen akzeptiert.

6.

Vergütung
Wie vereinbart wurden DM 15 000,–/EUR 7 670,– für Entwurf plus Einräumung der Nutzungsrechte berechnet. Diese Summe ist – auch nach den Richtlinien der Berufsverbände – die unterste Grenze für eine Plakatserie.

Die ggg-Galerie in Tokio bietet die auf 30 Exemplare erweiterte Plakatserie als Sonderedition an und hat bereits 12 Serien zu je DM 20 000,–/EUR 10 226,– verkauft.

Bemerkungen
Durch die Tatsache, daß die Rambow-Plakate mittlerweile im Museum Wiesbaden und in der Galerie in Tokio ausgestellt und als Kunstmarkt-Objekte gehandelt werden, geht die Rechnung wieder auf. Dies ist allerdings ein Glücksfall, der auch mit dem Bekanntheitsgrad des Gestalters (Rang und Ruf) zusammenhängt.

Grundsätzlich ist es bei kleineren Etats empfehlenswert, den realen Wert eines Plakatentwurfes auszuweisen, damit sich der Auftraggeber dessen bewußt ist, was eingespart wurde.
Nach den Richtlinien der Designverbände beträgt die Vergütung für ein Theater-Plakat (Entwurf einschließlich Nutzung) ca. DM 4 000,– bis DM 5 000,–/EUR 2 556,–.

6.15 Urs Schwerzmann, Stuttgart

Imagebroschüre für ein Softwarehaus
mit 2 weiteren Vertragspartnern
Auftraggeber: 3 kooperierende Firmen

Aufgabe
Imagebroschüre für ein Softwarehaus mit möglichst repräsentativem Charakter, aussagefähigen Texten und ungewöhnlichen optischen Attributen; Inhalt ca. 20 Seiten.

Auftragsablauf
Nach einem ausführlichen Briefing-Gespräch wurde ein Angebot erteilt für
- Idee und Konzept einschließlich Nutzungsrechten — DM 24 000,–
- Recherche, Text und Illustrationen — DM 38 250,–
- Entwurf und alle ausführenden Arbeiten — DM 17 200,–

Die Vergütung wurde akzeptiert und der Auftrag erteilt für ein hochwertig anmutendes Buch mit Spiralbindung, Leineneinband und Goldprägung im Format 24 x 33 cm, 3 Lesezeichen mit Bändern als weiterer optischer Reiz.

Zeitaufwand: insgesamt 14 Wochen.

6.

Vergütung
Gemäß Angebot wurden die Rechnungen anteilig erstellt für:
- Idee und Konzept einschließlich
  aller Nutzungsrechte   DM   24 000,–
- Recherche, Texte, Illustrationen   DM   38 250,–
- Entwurf sowie alle ausführenden
  Arbeiten bis zum Satzfilm   DM   17 200,–

Gesamtvergütung   DM 79 450,–/EUR 40 622,–

Die Beträge sind identisch mit den Angaben des Angebotes.

Bemerkungen
Das Auftragsklima wird als hervorragend geschildert. Entwurf und Ausführung fanden großen Anklang bei den Kunden. Das Ergebnis ist ohne Zweifel beispielhaft für die Branche und wurde mit mehreren Designauszeichnungen bedacht.

Da die Imagebroschüre von 3 kooperierenden Firmen gleichzeitig genutzt wird, zahlte jeder Partner anteilig auch nur ein Drittel des Gesamtbetrages, das heißt DM 26 483,–.

6.16 Gerard Unger

Informations- und Leitsystem für die Stadt Rom
Entwicklung einer neuen Schrift
Auftraggeber: Agenzia romana per la
preparazione del Giubileo

Aufgabe

Im Jubiläumsjahr 2000 erwartet die Stadt Rom rund 25 Millionen Besucher – ein Ansturm, der „geleitet" werden muß. Eine Gruppe venezianischer Architekten beschäftigt sich seit langem mit den Vorbereitungen und erteilte dem holländischen Type-Designer Gerard Unger den Auftrag für ein neues Informations- und Leitsystem sowie für eine neue Schrift.
Die Schrift wird in unterschiedlichen Größen und Reproduktionstechniken sowie in sieben Sprachen zum Einsatz kommen.
Sie soll die 2000 Jahre alte römische Tradition öffentlicher Beschriftungen repräsentieren.

Der Gesamtauftrag umfaßt folgende Positionen:

- Leit- und Informationssystem für Fußgänger und Straßenverkehr
- Informationsschilder für Gebäude
- Drucksachen (Faltblätter, Broschüren, Pläne)
- Kartografie aller Pläne und Karten
- Videoseiten
- Schrift in mehreren Schnitten für 7 Sprachen
- 3-D-Objekte für Wegweiser, das Video-Leitsystem und alle Displays.

6.

Auftragsablauf

Eine Gruppe von sechs Designern unter Leitung von Gerard Unger, davon zwei Produktdesigner (von n/p/k industrial design) und ein Kartograf, erarbeitete die Entwürfe für die erste Präsentation. Gerard Unger führte Untersuchungen und Experimente zur Schrift durch.

Für die Umsetzung des kompletten Auftrages, der neben dem Schriftentwurf und der Gestaltung der Schilder auch das Design von Drucksachen und Videodisplays umfaßte, standen Gerard Unger und seinem Team ein halbes Jahr zur Verfügung. Die Vertragsunterzeichnung fand zwar schon Ende 1997 statt, mit der Arbeit konnte das Team aber erst im Januar 1998 beginnen. Am 15. Juni war schließlich alles fertig.

Präsentiert wurde:

- ein komplettes Anwendungs-Manual mit maßstabsgerechten Mustern und detaillierter Beschreibung aller Drucksachen, Schilder und Systeme
- eine CD-ROM mit 1:1-Modellen der Schilder und Karten
- maßstabsgerechte Modelle von allen 3-D-Ausführungen samt der technischen Zeichnungen
- eine CD-ROM mit der Schrift „Capitolium" in fünf Schnitten.

Für den gesamten Auftrag bis zur Produktion wurde von der Stadt Rom eine Vergütung von ECU 200000,–* angesetzt.
Das Team einigte sich auf folgende Verteilung:
52,5% für die Designleistungen
47,5% für das 3-D-Design.

Das Budget war selbst nach vorsichtiger Schätzung knapp bemessen, dennoch wollte das Team keine „halben Sachen" leisten.

*ECU war die damalige europäische Währungseinheit, sie entspricht dem heutigen Euro.

So kam Gerard Unger auf die Idee, seine eigene Leistung – die
Schrift – einzuschränken und der Stadt Rom nur bis zum Jahr 2001
ein Exklusivrecht daran einzuräumen.
So sah die Kalkulation für die Schriftentwicklung aus:

- Research und alle Voruntersuchungen   48 Stunden
- Experimente und Test-Sets   168 Stunden
- Änderungen und Anpassungen   72 Stunden
- Gestaltung der Basis-Sets von ca. 80 Zeichen   448 Stunden

Gesamtaufwand   736 Stunden.

Capitolium Road
ABCDEFGHIJKLMNOPQRSTUVWXYZÆŒ
abcdefghijklmnopqrstuvwxyzæœ
0123456789 (.,-:;) 🧍🚶🚶‍♀️🧍‍♀️🧍🚶🏃‍♂️⬅↖⬆↗➡

Capitolium Light
ABCDEFGHIJKLMNOPQRSTUVWXYZÆŒ
abcdefghijklmnopqrstuvwxyzßæœ
0123456789 (.,-:;)

Capitolium Regular
ABCDEFGHIJKLMNOPQRSTUVWXYZÆŒ
abcdefghijklmnopqrstuvwxyzßæœ
0123456789 (.,-:;)

Capitolium Regular Italic
ABCDEFGHIJKLMNOPQRSTUVWXYZÆŒ
abcdefghijklmnopqrstuvwxyzßæœ
0123456789 („,-:;)

Capitolium Bold
ABCDEFGHIJKLMNOPQRSTUVWXYZÆŒ
abcdefghijklmnopqrstuvwxyzßæœ
0123456789 (.,-:;)

San Giovanni in Laterano
Pantheon
Colosseo

6.

Eigenanteil Schrift		736 Stunden
• 736 Stunden à EUR 91,–/Stunde		EUR 66 976,–

• Für 4 Versionen der Schrift, Produktionskosten, Ausarbeitung der kompletten
Charakter-Sets, Ikonen, Kerning etc.
fallen weitere 296 Stunden à EUR 68,25/Stunde
(für Mitarbeiter) an, d. h.   EUR 20 202,–

Gesamtvergütung Schrift   EUR 87 178,–

Die Produktionskosten übernahm Gerard Unger selbst und berechnete die eigentliche Leistung nur zur Hälfte. Somit verblieb ausreichend finanzieller Spielraum für die weiteren Grafik-Design-Leistungen. Im Vertrag wurde vermerkt, daß Rom die Schrift „Capitolium" nur bis Ostern 2001 exklusiv nutzen darf. Nach diesem Termin kann Gerard Unger seine Schrift frei vermarkten. Eine bittere Pille für die heilige Stadt, doch andere Einschränkungen wollte die Agenzia nicht akzeptieren.

Vergütung

Vereinbarungsgemäß sah die Gesamtvergütung wie folgt aus:

Grafik-Designleistungen, bestehend aus:
• Entwicklung der Schrift „Capitolium" in 5 Schnitten
• Broschüren, Faltblätter, Pläne incl. Kartografie
• Informations- und Leitsystem für Fußgänger
  und Straßenverkehr einschließlich aller Gebäudeschilder
• Videoseiten
1. Teilvergütung (52,5%)   EUR 105 000,–

3-D-Ausführung für:
- Wegweiser
- Video-Leitsystem
- diverse Displays

2. Teilvergütung (47,5%)   EUR   95 000,–

Gesamtvergütung   EUR 200 000,–

In diesem Betrag ist ein einfaches Nutzungsrecht für die Schrift „Capitolium" sowie die auf das Jahr 2000 begrenzte Nutzung aller Medien enthalten.

Bemerkungen

Nach der Freude, unter mehr als 30 Bewerbern den Zuschlag für solch einen interessanten Auftrag zu erhalten, kam die Ernüchterung angesichts der Komplexität des Auftrages und des knapp bemessenen Budgets. Zwei Schwierigkeiten, die Gerard Unger beispielhaft gelöst hat:

1. Er stellte ein Team kompetenter Spezialisten zusammen, um eine optimale Gesamtleistung zu realisieren.
2. Budget-Engpässe regelte er über die Einschränkung von Nutzungsrechten, das heißt ab Ostern 2001 wird er seine Schrift „Capitolium" frei vermarkten.

6.

6.17 Prof. Kurt Weidemann, Stuttgart
Überarbeitung des Signets „Deutsche Bahn"
Konzeption und Einführung eines Design-Manuals
Auftraggeber: Deutsche Bahn AG

Aufgabe
Zum 1.1.1994 wurden die Deutsche Bahn und die Deutsche Reichsbahn in eine neue Gesellschaft, die Deutsche Bahn AG, umgewandelt, was durch ein überarbeitetes Erscheinungsbild der Bundesbahn dokumentiert werden sollte.

Die Umwandlung sollte sich auf eine starke Orientierung am bestehenden DB-Signet konzentrieren, das Signet für sich allein wirken, aber auch als Firmierung „Deutsche Bahn Aktiengesellschaft" beziehungsweise „Deutsche Bahn AG" Anwendung finden.

Der gemeinsame Neubeginn der vereinigten Deutschen Bahnen sollte sich in einem Zeichen visualisieren, ohne die traditionelle Charakteristik zu verlieren.

Dieser Auftrag war zunächst als begrenzter Wettbewerb mit einem Präsentationshonorar von jeweils DM 15 000,– ausgeschrieben, wobei diese Summe mit der späteren Gesamtvergütung verrechnet wurde.

Professor Kurt Weidemann gewann den Wettbewerb und bekam den Auftrag.

Auftragsablauf
Die Bahn gründete eine Arbeitsgruppe „Corporate Design". Neugestaltungen sollten nur im Zuge von Neubauten oder Instandsetzungen realisiert werden, um die Aufwendungen zu reduzieren.

1. Design-Manual

Nach mehreren Gesprächen und internen Abstimmungen erteilte die Bahn Kurt Weidemann den Auftrag zur Erarbeitung eines aus mehreren Heften bestehenden Design-Manuals mit folgenden Inhalten:

1.1 Zeichen und Name mit Größenskalen und Vermaßungen
1.2 Satzvorschriften, Grundraster, Layoutmuster
1.3 Geschäftspapierausstattung samt aller Regeldrucksachen
1.4 Farbgebung: Primär- und Sekundärfarben mit Anwendungsbeispielen
1.5 Kennzeichnungen: Symbole, Leitsysteme und Außenkennzeichnung.

Hierfür wurde zunächst ein Gestaltungshonorar von DM 187 000,– veranschlagt, wobei folgende Leistungen zu berücksichtigen waren:
- Gestaltung einschließlich aller Texte nach Inhaltsvorgabe unter Berücksichtigung bahninterner Vorschriften
- Erstellung aller notwendigen Reinzeichnungen
- Druckvorbereitung und Drucküberwachung
- alle Abstimmungsgespräche am Ort des Auftraggebers oder Gestalters
- die Übertragung der ausschließlichen, unterlizensierbaren, räumlich
- und inhaltlich uneingeschränkten Nutzungsrechte und Nutzungsarten an den Gestaltungen der Richtlinien und Beispiele.

Bei der Berechnung hat sich Kurt Weidemann an den Vergütungsrichtlinien der zuständigen Berufsverbände orientiert.

6. Da zur Realisierung des Design-Manuals eine Vielzahl von Repro-, Satz- und Lithoarbeiten erforderlich war (rund DM 120 000,–), wurde der Betrag von Seiten der Bahn auf DM 278 000,– erhöht und eine Herstellungsagentur zusätzlich für diesen Aufwand beauftragt. Dies alles war eine offizielle „Bestellung" der Deutschen Bahn an Professor Kurt Weidemann.

2. Signet
Parallel dazu erhielt Kurt Weidemann den Vertrag zur Realisierung des Wettbewerbsergebnisses einschließlich der Übertragung der ausschließlichen und uneingeschränkten Nutzungsrechte.

Für die in diesem Vertrag detailliert erläuterten Gestaltungskriterien sowie die erforderliche Rechtseinräumung wurde ein Betrag von DM 250 000,– vereinbart – abzüglich der DM 15 000,– Präsentationshonorar.

Die Gestaltungs- und Entwicklungsarbeiten dauerten etwa 18 Monate und beinhalteten Analysen, Entwürfe, Probeanwendungen in der Praxis und technische Vorgaben zur Umgestaltung aller Drucksachen, Züge, Fahrzeuge, Uniformen und Gebäude.

Vergütung

Die Höhe der Vergütung war identisch mit den vereinbarten Summen für:

- Präsentation   DM 15 000,–/EUR 7 670,–
- Auftrag Design-Manual
  (lt. Bestellung DB)   DM 278 000,–/EUR 142 139,–
- Zeichen-Entwurf
  einschließlich der
  ausschließlichen
  Nutzungsrechte
  (lt. Vertrag
  DB/Kurt Weidemann)   DM 235 000,–/EUR 120 154,–

Bemerkungen
1. Manual
Der Aufwand zur Erarbeitung eines Design-Manuals für ein Unternehmen dieser Größenordnung mit seinen vielschichtigen Aufgaben und Anforderungen ist erheblich.
Zieht man die Fremdkosten in Höhe von DM 120 000,– ab, verbleibt eine Summe von DM 158 000,– für das komplette Manual mit 5, später 7 umfangreichen Anleitungen. Eine Vergütung, die durchaus angemessen ist, vor allem, wenn man den hohen Zeitaufwand in Relation setzt.

2. Signet
Auch die Vergütung für die Umgestaltung des Signets unter Berücksichtigung aller Vorgaben sowie der ausschließlichen (unterlizensierbaren) Nutzungsrechte für ein Unternehmen dieser Größenordnung bewegt sich mit DM 235 000,– (nach den Richtlinien der Designverbände) für einen Zeitaufwand von 18 Monaten eher im unteren Bereich.

6.

6.18 wir design GmbH, Braunschweig
Corporate Design-Konzept für Nordzucker
Auftraggeber: Nordzucker AG

Aufgabe

Durch den Zusammenschluß mehrerer Unternehmen zur Nordzucker AG bestand bei dem nun zweitgrößten Zuckerproduzenten Deutschlands der Wunsch, sich durch ein neues, einheitliches Erscheinungsbild adäquat im Markt zu präsentieren beziehungsweise zu positionieren. Im Rahmen einer bezahlten Wettbewerbspräsentation wurden drei Designagenturen aufgefordert, Vorschläge zu einem Corporate-Design-Konzept für dieses neue Unternehmen zu erarbeiten. Das Präsentationsentgelt entsprach jeweils etwa fünf Tagessätzen für Designleistungen.

„wir design" gewann den Wettbewerb, wobei der tatsächliche Präsentationsaufwand weit über der vereinbarten Vergütung lag. Präsentiert wurden Konzept und Entwicklung einer neuen Unternehmensmarke und alle wesentlichen Elemente eines Corporate-Design-Systems. Besonderer Wert wurde auf die Nachvollziehbarkeit und Überprüfbarkeit aller relevanten Designentscheidungen für das neue Corporate Design gelegt.

Auftragsablauf

Die Präsentations-Unterlagen wurden innerhalb von 6 Wochen erarbeitet. Nach dieser ersten Präsentation hat „wir design" wunschgemäß einige Varianten bis zur einstimmigen Akzeptanz aller Entscheider erstellt, die zusätzlich mit DM 4800,– vergütet wurden.

Nach ca. drei Monaten war sich die Unternehmensleitung einig, die neue Unternehmensmarke mit dem von „wir design" entwickelten Corporate-Design-System für alle Geschäftspublikationen einzusetzen und erwarb die entsprechenden Nutzungsrechte.

Die neue Unternehmensmarke kann ebenso als Produktmarke für die Nordzucker-Produkte im Handel eingesetzt werden.

Vergütung
Der Rechnungstext lautete wie folgt:

Vergütung für den Ankauf der räumlich und zeitlich uneingeschränkten Nutzungsrechte der Nordzucker-Marke, wie am … präsentiert, einschließlich dem Recht, die Nutzung uneingeschränkt auf Dritte zu übertragen
$$DM\ 30\,000,-/EUR\ 15\,339,-$$

6.

Folgeaufträge

Wie für „wir design" üblich, entstand zwischen der Nordzucker AG und dem wir-Team eine dauerhafte Zusammenarbeit. Dies betrifft insbesondere die Realisierung von internen wie externen Geschäftspapieren, Broschüren und Geschäftsberichten sowie Orientierungs- und Leitsystem für diverse Unternehmensstandorte der Nordzucker AG.

Bemerkungen

Auch wenn nach Aussagen von „wir design" die Vergütung des Aufwandes zur Wettbewerbspräsentation nicht kostendeckend war, hat sich durch die Erteilung der Folgeaufträge das Engagement langfristig gelohnt. (Die Erfolgsquote von „wir design" bei der Teilnahme an Wettbewerbspräsentationen lag übrigens in den letzen drei Jahren bei mehr als 50 Prozent.)

7. Anhang

7.1 Mustergutachten nach AGD und BDG

Das nachfolgend veröffentlichte Gutachten auf Anforderung eines Amtsgerichts erläutert verständlich und nachvollziehbar die Anwendung verschiedener Berechnungsmöglichkeiten von Entwurfsarbeiten und Nutzungsrechtseinräumung auf der Basis von AGD-Tarifvertrag und BDG-Honorarempfehlung an einem konkreten Gestaltungsbeispiel (Geschäftsdrucksachen).

Auftrag und Auftragsdurchführung

Gemäß Beweisbeschluß vom ... soll ein Sachverständigengutachten zu der Frage vorgelegt werden, ob die mit der Klage geltend gemachte Vergütung angemessen ist.

Bei der Erstellung des Gutachtens hat mir die Gerichtsakte vorgelegen. Zugleich wurde mir aufgegeben, daß ich bei meiner Begutachtung davon auszugehen habe, daß dem Beklagten der Entwurf einer sogenannten Geschäftsausstattung veräußert und ihm zugleich die Nutzungsrechte hieran übertragen wurden.

Leistung und Nutzung

Wegen der Vielfalt möglicher Gestaltungsaufgaben weisen die Vergütungen der Designer naturgemäß eine erhebliche Bandbreite auf. Um die übliche und angemessene Vergütung im vorliegenden Fall bestimmen zu können, muß deshalb zunächst festgestellt werden, welche konkrete grafische Leistung die Klägerin erbracht hat und in welchem Umfang sie genutzt wurde.

1. Leistung der Klägerin laut Angebot vom …
Geschäftsausstattung kleiner Umfang, bestehend aus:
- Briefpapier
- Visitenkarte
- Aufkleber
- Stempel

Für diese Entwurfsarbeiten berechnete die Klägerin mit Rechnung vom … einschließlich Materialkosten und Umsatzsteuer:
DM 2 481,26 .

2. Umfang der Nutzung
Die Leistung des Designers besteht in der Schaffung eines Werkes, das in der Regel vervielfältigt und verbreitet, also urheberrechtlich genutzt werden soll. Daher räumt der Designer seinem Auftraggeber die Nutzungsrechte für den vereinbarten Umfang und den vereinbarten Zweck ein.
Die Nutzungsrechte gemäß § 31 UrhG können zeitlich, räumlich und/oder inhaltlich eingegrenzt werden. Die Nutzungsrechte können unbeschränkt oder beschränkt übertragen werden.
Je nach Umfang der Nutzungsrechtseinräumung ist die Vergütung des Designers zu berechnen.

Die Bemessung des üblichen und angemessenen Lizenzhonorars hängt also davon ab, auf welche dieser Nutzungen abzustellen ist.

Vergütungsmaßstab

Für die Bemessung der üblichen Vergütung im Bereich Grafik-Design gibt es zwei Kalkulationshilfen, deren Anwendung zwar nicht verbindlich, aber allgemein verbreitet ist:

1. AGD-Tarifvertrag für Design-Leistungen

Der AGD-Tarifvertrag für Design-Leistungen wird seit 1978 ca. alle vier Jahre zwischen der Allianz deutscher Designer (AGD) und dem Verband Selbständige Design-Studios (SDSt) geschlossen. Er ist gemäß § 7 Tarifvertragsgesetz (TVG) beim Bundesminister für Arbeit und Sozialordnung sowie bei den Arbeits- und Sozialministerien der Länder und Stadtstaaten in die Tarifregister aufgenommen worden. Der AGD-Tarifvertrag basiert auf einem System aus Zeiteinheiten und Nutzungsfaktoren.

Der AGD-Tarifvertrag kann nicht für allgemeinverbindlich erklärt werden, doch wird dieses Tarifwerk in der Praxis von vielen Grafik-Designern bei der Berechnung ihrer Vergütung zugrunde gelegt. Der AGD-Tarifvertrag kann deshalb ebenso wie die nachfolgend beschriebene BDG-Honorarempfehlung bei der Ermittlung der üblichen und angemessenen Vergütung für Grafik-Design-Leistungen herangezogen werden (der AGD-Tarifvertrag ist u.a. abgedruckt in «Urheber- und Verlagsrecht», 7. Aufl., 1998, Beck-Texte im dtv, S. 153 ff.).

2. BDG-Honorarempfehlung

Diese Honorarempfehlung wird vom Bund Deutscher Grafik-Designer (BDG) herausgegeben. Sie ist eine unverbindliche Empfehlung des BDG an seine Mitglieder und basiert auf einem Faktorensystem, das im Design-Bereich schon seit 1954 angewendet wird. Nach diesem System läßt sich die Vergütung eines Grafik-Designers durch eine Multiplikation verschiedener Faktoren ermitteln. Die einzelnen Faktoren berücksichtigen den Schwierigkeitsgrad der Aufgabe, den jeweils benötigten Zeitaufwand, die Qualifikation des Designers und den Umfang der Nutzung.
Bei der Honorarempfehlung handelt es sich um eine Mittelstandsempfehlung gemäß § 38 Abs. 2 Nr. 1 GWB, die vom Bundes-

kartellamt geprüft und akzeptiert wurde. Es ist deshalb davon auszugehen, daß die Vergütungen, die mit diesem Kalkulationssystem ermittelt werden, ebenfalls den Marktgegebenheiten und dem üblichen Vergütungsniveau entsprechen.

Berechnung der üblichen und angemessenen Vergütung

Die BDG-Honorarempfehlung und der AGD-Tarifvertrag für Design-Leistungen haben bei der Berechnung von Design-Honoraren eine nahezu gleichrangige Bedeutung. Häufig ziehen Grafik-Designer bei der Berechnung ihrer Honorare sowohl die BDG-Honorarempfehlung als auch den AGD-Tarifvertrag heran (siehe auch OLG Frankfurt a. M., Urteil v. 30.10.1996 – 7 U 70/93).

Daher wurde im vorliegenden Fall die übliche und angemessene Vergütung nach beiden Berechnungssystemen ermittelt.

1. Berechnung nach dem AGD-Tarifvertrag

a) Vergütung für Entwurfsarbeiten

Die Vergütung für Entwurfsarbeiten ergibt sich aus einer Multiplikation des Stundensatzes mit dem Zeitaufwand. Der Stundensatz für einen Designer mit guter Qualifikation und Erfahrung sowie einer entsprechenden Atelier- und Büroausstattung beträgt nach dem AGD-Tarifvertrag DM 120,–.

Dieser Stundensatz ist auch auf die Klägerin anzuwenden. Sie ist Dipl.-Designerin und gründete im Jahr 1996 ein Design-Büro. Leistungsarten der von der Klägerin erbrachten Werke sind in den Vergütungstabellen festgelegt. Der dort angegebene Zeitaufwand ist ein Richtwert. Er ist abgeleitet aus dem durchschnittlichen Zeitaufwand an Stunden bei Aufträgen üblichen Umfangs. Bei umfangreicheren oder schwierigeren

7. Aufgaben sind die Richtwerte in Relation zum größeren Zeitaufwand zu erhöhen.

Die in den Vergütungstabellen ausgewiesenen Zahlen beziehen sich auf Beträge in Deutscher Mark und beinhalten bereits die Vergütung für die Entwurfsarbeiten einschließlich der Vergütung für die Nutzungsrechtseinräumung unterschiedlichen Umfangs.

b) Leistung der Klägerin
Entwurfsarbeiten für eine Geschäftsausstattung
(kleiner Umfang), bestehend aus:
- Briefpapier
- Visitenkarte
- Aufkleber
- Stempel.

Da der Gerichtsakte keinerlei Beispiele für die Entwurfsarbeiten entnommen werden konnten, geht der Sachverständige jeweils von einem geringeren Arbeitsaufwand aus. Demnach errechnet sich der Zeitaufwand für die Entwurfsarbeiten wie folgt:

• Briefpapier	6,0 Stunden
• Visitenkarte	2,0 Stunden
• Aufkleber	2,0 Stunden
• Stempel	1,0 Stunde
Gesamt	11,0 Stunden

Es ergibt sich damit folgende Vergütung für Entwurfsarbeiten:

120,00 DM x 11,0 Stunden = 1 320,00 DM.

c) Nutzungsfaktor
Bei einer mittleren Nutzung ergeben sich folgende Nutzungsfaktoren:

Nutzungswert räumlich:	regional	0,2
Nutzungswert zeitlich:	5 Jahre	0,3
Nutzungswert inhaltlich*:	einfach	0,7
Der Nutzungsfaktor beträgt somit		1,2

d) Vergütung für die Nutzungsrechtseinräumung
Die Multiplikation der Entwurfsvergütung mit dem soeben ermittelten Nutzungsfaktor ergibt folgende Nutzungsvergütung:

1 320,00 DM x 1,2 = 1 584,00 DM.

e) Gesamtvergütung
Die Gesamtvergütung setzt sich zusammen aus der Addition von Entwurfsvergütung mit der Vergütung für die Nutzungsrechtseinräumung:

1 320,00 DM + 1 584,00 DM = 2 904,00 DM.

2. Berechnung nach der BDG-Honorarempfehlung

Gefragt wird hier nach der üblichen und angemessenen Vergütung. Die Gesamtvergütung setzt sich zusammen aus der Addition von Entwurfsvergütung und der Vergütung für die Nutzungsrechtseinräumung. Die Nutzungsrechtseinräumung wird nach der Honorarempfehlung durch eine Multiplikation der Entwurfsvergütung mit dem Faktor für die Nutzung ermittelt.

7.

a) Entwurfsvergütung
Die Entwurfsvergütung ergibt sich aus einer Multiplikation folgender Faktoren:

Faktor Grundvergütung
Die Grundvergütung entspricht dem Stundensatz, den ein Grafiker ohne große Berufserfahrung und ohne besonderen Rang und Ruf üblicherweise berechnet. Nach den Untersuchungen des statistischen Bundesamtes zur Kostenstruktur der Design-Berufe ergibt sich für einen solchen Designer – umgerechnet auf das Jahr 1996 – ein durchschnittlicher Stundensatz von DM 72,00 ohne Copyrightanteil.

Der BDG empfielt ebenfalls seinen Mitgliedern eine Grundvergütung von DM 72,00 pro Stunde.

Faktor Qualifikation
Dieser Faktor erfaßt die individuelle fachliche Qualifikation des Grafik-Designers, die insbesondere durch seine Ausbildung, seinen Rang und Ruf und seine Berufserfahrung bestimmt wird.

Bei einem Designer, der weder einen besonderen Rang oder Ruf noch eine besondere Berufserfahrung hat, ist der Faktor 1,0 (Grundwert) angemessen. Wer dagegen durch seine Arbeit einen guten Ruf als Grafik-Designer erworben hat und über eine längere Berufserfahrung verfügt, kann den Faktor 1,5 (Mittelwert) anwenden. Der Faktor 2,0 (Höchstwert) bleibt dagegen Grafik-Designern vorbehalten, die durch Ausstellungen, Publikationen und Auszeichnungen eine herausragende fachliche Qualifikation nachgewiesen haben und deren Ruf in der Fachwelt als besonders hoch eingeschätzt wird.

Zum Rang und Ruf der Klägerin enthält die Gerichtsakte keine konkreten Angaben. Sie ist Dipl.-Designerin und gründete im Jahr 1996 ein Designbüro. Ich halte deshalb nach Abwägung aller in Betracht kommenden Gesichtspunkte den Faktor 1,2 für angemessen.

Faktor Schwierigkeitsgrad
Die vielfältigen Aufgaben, die ein Grafik-Designer auszuführen hat, erfordern ein unterschiedliches Maß an geistiger, kreativer und gestalterischer Anstrengung. Während die eine Arbeit mit einem normalen geistig-kreativen Aufwand erledigt werden kann und normale gestalterische Schwierigkeiten bietet, erfordern andere Arbeiten bei gleichbleibendem Zeitaufwand eine ungleich höhere Konzentration, Kreativität und Durchdringung der jeweils zu lösenden Gestaltungsaufgabe. Diesen unterschiedlichen Schwierigkeitsgrad berücksichtigt die Honorarempfehlung mit einem Faktor zwischen 1,0 und 1,4. Da die Gerichtsakte keinerlei Arbeitsproben der Klägerin aufweist, habe ich einen Schwierigkeitsgrad von 1,0 angesetzt.

Faktor Zeitaufwand
Bei dem Faktor Zeitaufwand ist die Anzahl der Stunden zu ermitteln, die für die betreffende Entwurfsarbeit anzusetzen ist. In der Leistungstabelle zu der Honorarempfehlung wird der Zeitaufwand für eine Geschäftspapierausstattung mit 16 bis 24 Stunden angegeben. Der durchschnittliche Zeitaufwand liegt demnach bei 20 Stunden.

Die Leistung der Klägerin laut Angebot vom … sind Entwurfsarbeiten zu einer Geschäftspapierausstattung
(kleiner Umfang), bestehend aus:

7.

- Briefpapier
- Visitenkarte
- Aufkleber
- Stempel.

Zu der konkreten Bemessung des Zeitaufwandes sind exakte Vorgaben nicht möglich. Jeder Designer muß auf die eigenen Erfahrungswerte zurückgreifen und prüfen, ob der von ihm angesetzte Zeitaufwand dem entspricht, was unter Berücksichtigung der jeweiligen Aufgabenstellung üblich und angemessen ist.

Nach Auffassung des Sachverständigen sind daher für diese vier Objekte insgesamt 16 Stunden anzusetzen.

Multiplikation der Faktoren
Die Multiplikation der einzelnen Faktoren ergibt folgende Entwurfsvergütung:

72,00 DM x 1,2 x 1,0 x 16 = 1 382,40 DM.

b) Nutzungsfaktor
Der Nutzungsfaktor wird nach der Honorarempfehlung durch eine Addition folgender fünf Einzelfaktoren ermittelt:

Faktor Nutzungszweck
Die Nutzung einer Designleistung kann auf einzelne Verwendungszwecke beschränkt werden (z. B. Nutzung nur für ein Plakat). Es ist aber auch denkbar, daß die Nutzung inhaltlich unbeschränkt für alle in Betracht kommenden Verwendungszwecke zugelassen wird. Nach der Honorarempfehlung staffelt sich der Verwendungszweck zwischen dem Faktor 0,1 und 0,5.

Wird eine Geschäftspapierausstattung (wie im vorliegenden Fall) lediglich für ein Unternehmen und damit für einen einzelnen Verwendungszweck genutzt, ist der Faktor 0,1 anzusetzen.

Faktor Nutzungsumfang
Dieser Faktor erfaßt den Umfang der Vervielfältigung einer Designarbeit, insbesondere die Auflagenhöhe. Die Honorarempfehlung sieht eine Staffelung zwischen 0,0 und 0,4 vor.

Der Gerichtsakte läßt sich nicht entnehmen, in welcher Auflage die Geschäftspapierausstattung gedruckt wurde oder wird. In der Branche ist jedoch allgemein bekannt, daß eine Geschäftspapierausstattung für ein kleineres Unternehmen nicht in einer hohen, sondern in einer kleineren Auflage gedruckt wird. Dafür ist nach der Honorarempfehlung der Faktor 0,0 anzusetzen.

Faktor Nutzungsart
Bei den Nutzungsarten unterscheidet man zwischen der einfachen und der ausschließlichen Nutzung einer Designarbeit (§ 31.1 UrhG). In der Regel wird dem Auftraggeber – wie auch im vorliegenden Fall – das ausschließliche Nutzungsrecht eingeräumt. Dafür ist nach der Honorarempfehlung für die Einräumung des einfachen Nutzungsrechts der Faktor 0,0, für das ausschließliche Nutzungsrecht der Faktor 0,3 anzuwenden. Da zwischen diesen beiden Faktoren eine Abstufung nicht möglich ist, ist der Faktor 0,3 anzusetzen.

Faktor Nutzungsdauer
Ein Nutzungsrecht kann zeitlich beschränkt oder ohne zeitliche Beschränkung eingeräumt werden. In der Praxis wird die

7. Nutzungsdauer häufig auf ein Jahr oder auf drei Jahre beschränkt. Im vorliegenden Fall sind seit Rechnungstellung circa drei Jahre vergangen.

Für eine dreijährige Nutzungsdauer sieht die Honorarempfehlung den Faktor 0,3 vor.

Faktor Nutzungsgebiet
Das Recht zur Nutzung einer Designleistung kann räumlich beschränkt oder ohne jede geografische Beschränkung überlassen werden. Dementsprechend empfiehlt die Honorarempfehlung Staffelungen zwischen lokal/regional (Faktor 0,1) bis weltweit (Faktor 0,6).

Über das Nutzungsgebiet für die Geschäftspapierausstattung der Firma … enthält die Gerichtsakte keinerlei Angaben. Daher geht der Sachverständige von einer Nutzung im deutschsprachigen Raum aus. Dementsprechend ist ein Faktor von 0,2 anzusetzen.

Addition der einzelnen Nutzungsfaktoren
Die Addition der einzelnen Nutzungsfaktoren führt zu folgendem Ergebnis:

0,1 + 0,0 + 0,3 + 0,3 + 0,2 = 0,9.

c) Vergütung für die Nutzungsrechtseinräumung
Die Vergütung für die Nutzungsrechtseinräumung ergibt sich aus der Multiplikation der Vergütung für Entwurfsarbeiten mit dem soeben ermittelten Nutzungsfaktor:

1 382,40 DM x 0,9 = 1 244,16 DM.

d) Gesamtvergütung
Die Gesamtvergütung setzt sich zusammen aus der Addition von Entwurfsvergütung und der Vergütung für die Nutzungsrechtseinräumung:

1 382,40 DM + 1 244,16 DM = 2 626,56 DM.

Vergleich der beiden Berechnungen
Nach dem AGD-Tarifvertrag beträgt die Gesamtvergütung 2 904,00 DM. Nach der BDG-Honorarempfehlung ergibt sich eine Gesamtvergütung von 2 626,56 DM.

Da diese Berechnungssysteme im Bereich Grafik-Design keinen Vorrang für sich beanspruchen und vielfach beide Systeme gleichrangig nebeneinander Anwendung finden, erscheint es sinnvoll, die übliche und angemessene Vergütung aus dem
Mittelwert zwischen dem Betrag, der sich nach dem AGD-Tarifvertrag ergibt, und dem Betrag, der nach der Honorarempfeh-
lung ermittelt wurde, zu berechnen. Dieser Mittelwert beträgt:

2 904,00 DM + 2 626,56 DM = 5 530,56 DM : 2 = 2 765,28 DM.

Ergebnis
Die übliche und angemessene Vergütung für die von der Klägerin angefertigten Entwürfe zu einer kleinen Geschäftspapierausstattung beträgt DM 2 765,28.

Braunschweig, den 01.06.1999　　　　　　Lutz Hackenberg

7.

7.2 Verzeichnis der Gesetzestexte

**Gesetz über Urheberrecht
und verwandte Schutzrechte (Urheberrechtsgesetz)**

Erster Teil. Urheberrecht
Erster Abschnitt. Allgemeines

§ 1 Die Urheber von Werken der Literatur, Wissenschaft und Kunst genießen für ihre Werke Schutz nach Maßgabe dieses Gesetzes.

Zweiter Abschnitt. Das Werk

§ 2 Geschützte Werke.
(1) Zu den geschützten Werken der Literatur, Wissenschaft und Kunst gehören insbesondere:
   1. Sprachwerke, wie Schriftwerke, Reden und Computerprogramme;
   2. Werke der Musik;
   3. pantomimische Werke einschließlich der Werke der Tanzkunst;
   4. Werke der bildenden Künste einschließlich der Werke der Baukunst und der angewandten Kunst und Entwürfe solcher Werke;
   5. Lichtbildwerke einschließlich der Werke, die ähnlich wie Lichtbildwerke geschaffen werden:
   6. Filmwerke einschließlich der Werke, die ähnlich wie Filmwerke geschaffen werden;
   7. Darstellungen wissenschaftlicher oder technischer Art, wie Zeichnungen, Pläne, Karten, Skizzen, Tabellen und plastische Darstellungen.

(2) Werke im Sinne dieses Gesetzes sind nur persönliche geistige Schöpfungen.

2. Urheberpersönlichkeitsrecht

§ 12 Veröffentlichungsrecht.
(1) Der Urheber hat das Recht zu bestimmen, ob und wie sein Werk zu veröffentlichen ist.
(2) Dem Urheber ist es vorbehalten, den Inhalt seines Werkes öffentlich mitzuteilen oder zu beschreiben, solange weder das Werk noch der wesentliche Inhalt oder eine Beschreibung des Werkes mit seiner Zustimmung veröffentlicht ist.

§ 13 Anerkennung der Urheberschaft.
Der Urheber hat das Recht auf Anerkennung seiner Urheberschaft am Werk. Er kann bestimmen, ob das Werk mit einer Urheberbezeichnung zu versehen und welche Bezeichnung zu verwenden ist.

§ 14 Entstellung des Werkes.
Der Urheber hat das Recht, eine Entstellung oder eine andere Beeinträchtigung seines Werkes zu verbieten, die geeignet ist, seine berechtigten geistigen oder persönlichen Interessen am Werk zu gefährden.

3. Verwertungsrechte

§ 15 Allgemeines.
(1) Der Urheber hat das ausschließliche Recht, sein Werk in körperlicher Form zu verwerten; das Recht umfaßt insbesondere
  1. das Vervielfältigungsrecht (§ 16),
  2. das Verbreitungsrecht (§ 17),
  3. das Ausstellungsrecht (§ 18).

7.

(2) Der Urheber hat ferner das ausschließliche Recht, sein Werk in unkörperlicher Form öffentlich wiederzugeben (Recht der öffentlichen Wiedergabe); das Recht umfaßt insbesondere

1. das Vortrags-, Aufführungs- und Vorführungsrecht (§ 19),
2. das Senderecht (§ 20),
3. das Recht der Wiedergabe durch Bild- oder Tonträger (§ 21),
4. das Recht der Wiedergabe von Funksendungen (§ 22).

(3) Die Wiedergabe eines Werkes ist öffentlich, wenn sie für eine Mehrzahl von Personen bestimmt ist, es sei denn, daß der Kreis dieser Personen bestimmt abgegrenzt ist und sie durch gegenseitige Beziehungen oder durch Beziehung zum Veranstalter persönlich untereinander verbunden sind.

§ 16 Vervielfältigungsrecht.

(1) Das Vervielfältigungsrecht ist das Recht, Vervielfältigungsstücke des Werkes herzustellen, gleichviel in welchem Verfahren und in welcher Zahl.

(2) Eine Vervielfältigung ist auch die Übertragung des Werkes auf Vorrichtungen zur wiederholbaren Wiedergabe von Bild- oder Tonfolgen (Bild oder Tonträger), gleichviel, ob es sich um die Aufnahme einer Wiedergabe des Werkes auf einen Bild- oder Tonträger oder um die Übertragung des Werkes von einem Bild- oder Tonträger auf einen anderen handelt.

§ 17 Verbreitungsrecht.

(1) Das Verbreitungsrecht ist das Recht, das Original oder Vervielfältigungsstücke des Werkes der Öffentlichkeit anzubieten oder in Verkehr zu bringen.

(2) Sind das Original oder Vervielfältigungsstücke des Werkes mit Zustimmung des zur Verbreitung Berechtigten im Gebiet

der Europäischen Union oder eines anderen Vertragsstaates des Abkommens über den Europäischen Wirtschaftsraum im Wege der Veräußerung in Verkehr gebracht worden, so ist ihre Weiterverbreitung mit Ausnahme der Vermietung zulässig.

(3) Vermietung im Sinne der Vorschriften dieses Gesetzes ist die zeitlich begrenzte, unmittelbar oder mittelbar Erwerbszwecken dienende Gebrauchsüberlassung. Als Vermietung gilt jedoch nicht die Überlassung von Originalen oder Vervielfältigungsstücken
1. von Bauwerken und Werken der angewandten Kunst oder
2. im Rahmen eines Arbeits- oder Dienstverhältnisses zu dem ausschließlichen Zweck, bei der Erfüllung von Verpflichtungen aus dem Arbeits- oder Dienstverhältnis benutzt zu werden.

§ 18 Ausstellungsrecht.

Das Ausstellungsrecht ist das Recht, das Original oder Vervielfältigungsstücke eines unveröffentlichten Werkes der bildenden Künste oder eines unveröffentlichten Lichtbildwerkes öffentlich zur Schau zu stellen.

§ 19 Vortrags-, Aufführungs- und Vorführungsrecht.

(1) Das Vortragsrecht ist das Recht, ein Sprachwerk durch persönliche Darbietung öffentlich zu Gehör zu bringen.

(2) Das Aufführungsrecht ist das Recht, ein Werk der Musik durch persönliche Darbietung öffentlich zu Gehör zu bringen oder ein Werk öffentlich bühnenmäßig darzustellen.

(3) Das Vortrags- und das Aufführungsrecht umfassen das Recht, Vorträge und Aufführungen außerhalb des Raumes, in dem die persönliche Darbietung stattfindet, durch Bildschirm, Lautsprecher oder ähnliche technische Einrichtungen öffentlich wahrnehmbar zu machen.

7.

(4) Das Vorführungsrecht ist das Recht, ein Werk der bildenden Künste, ein Lichtbildwerk, ein Filmwerk oder Darstellungen wissenschaftlicher oder technischer Art durch technische Einrichtungen öffentlich wahrnehmbar zu machen. Das Vorführungsrecht umfaßt nicht das Recht, die Funksendung solcher Werke öffentlich wahrnehmbar zu machen (§ 22).

§ 20 Senderecht.

Das Senderecht ist das Recht, das Werk durch Funk, wie Ton- und Fernsehrundfunk, Satellitenrundfunk, Kabelfunk oder ähnliche technische Mittel, der Öffentlichkeit zugänglich zu machen.

§ 20a Europäische Satellitensendung.

(1) Wird eine Satellitensendung innerhalb des Gebietes eines Mitgliedstaates der Europäischen Union oder Vertragsstaates des Abkommens über den Europäischen Wirtschaftsraum ausgeführt, so gilt sie ausschließlich als in diesem Mitgliedstaat oder Vertragsstaat erfolgt.

(2) Wird eine Satellitensendung im Gebiet eines Staates ausgeführt, der weder Mitgliedstaat der Europäischen Union noch Vertragsstaat des Abkommens über den Europäischen Wirtschaftsraum ist und in dem für das Recht der Satellitensendung das in Kapitel II der Richtlinie 93/83/EWG des Rates vom 27. September 1993 zur Koordinierung bestimmter Urheber- und leistungsschutzrechtlicher Vorschriften betreffend Satellitenrundfunk und Kabelweiterverbreitung
(ABl. EG Nr. L 248 S. 15) vorgesehene Schutzniveau nicht gewährleistet ist, so gilt sie als in dem Mitgliedstaat oder Vertragsstaat erfolgt,
  1. in dem die Erdfunkstation liegt, von der aus die programmtragenden Signale zum Satelliten geleitet werden, oder

2. in dem das Sendeunternehmen seine Niederlassung hat, wenn die Voraussetzung nach Nummer 1 nicht gegeben ist.

Das Senderecht ist im Fall der Nummer 1 gegenüber dem Betreiber der Erdfunkstation, im Fall der Nummer 2 gegenüber dem Sendeunternehmen geltend zu machen.

(3) Satellitensendung im Sinne von Absatz 1 und 2 ist die unter der Kontrolle und Verantwortung des Sendeunternehmens stattfindende Eingabe der für den öffentlichen Empfang bestimmten programmtragenden Signale in eine ununterbrochene Übertragungskette, die zum Satelliten und zurück zur Erde führt.

§ 20b Kabelweitersendung.

(1) Das Recht, ein gesendetes Werk im Rahmen eines zeitgleich, unverändert und vollständig weiterübertragenen Programms durch Kabelsysteme oder Mikrowellensysteme weiterzusenden (Kabelweitersendung), kann nur durch eine Verwertungsgesellschaft geltend gemacht werden. Dies gilt nicht für Rechte, die ein Sendeunternehmen in bezug auf seine Sendungen geltend macht.

(2) Hat der Urheber das Recht der Kabelweitersendung einem Sendeunternehmen oder einem Tonträger- oder Filmhersteller eingeräumt, so hat das Kabelunternehmen gleichwohl dem Urheber eine angemessene Vergütung für die Kabelweitersendung zu zahlen. Auf den Vergütungsanspruch kann nicht verzichtet werden. Er kann im voraus nur an eine Verwertungsgesellschaft abgetreten und nur durch eine solche geltend gemacht werden. Diese Regelung steht Tarifverträgen und Betriebsvereinbarungen von Sendeunternehmen nicht entgegen, soweit dadurch dem Urheber eine angemessene Vergütung für jede Kabelweitersendung eingeräumt wird.

7.

§ 21 Recht der Wiedergabe durch Bild- oder Tonträger.
Das Recht der Wiedergabe durch Bild- oder Tonträger ist das Recht, Vorträge oder Aufführungen des Werkes mittels Bild- oder Tonträger öffentlich wahrnehmbar zu machen. § 19 Abs. 3 gilt entsprechend.

§ 22 Recht der Wiedergabe von Funksendungen.
Das Recht der Wiedergabe von Funksendungen ist das Recht, Funksendungen des Werkes durch Bildschirm, Lautsprecher oder ähnliche technische Einrichtungen öffentlich wahrnehmbar zu machen. § 19 Abs. 3 gilt entsprechend.

§ 23 Bearbeitungen und Umgestaltungen.
Bearbeitungen oder andere Umgestaltungen des Werkes dürfen nur mit Einwilligung des Urhebers des bearbeiteten oder umgestalteten Werkes veröffentlicht oder verwertet werden. Handelt es sich um eine Verfilmung des Werkes, um die Ausführung von Plänen und Entwürfen eines Werkes der bildenden Künste, um den Nachbau eines Werkes der Baukunst oder um die Bearbeitung oder Umgestaltung eines Datenbankwerkes, so bedarf bereits das Herstellen der Bearbeitung oder Umgestaltung der Einwilligung des Urhebers.

§ 24 Freie Benutzung.
(1) Ein selbständiges Werk, das in freier Benutzung des Werkes eines anderen geschaffen worden ist, darf ohne Zustimmung des Urhebers des benutzten Werkes veröffentlicht und verwertet werden.
(2) Absatz 1 gilt nicht für die Benutzung eines Werkes der Musik, durch welche eine Melodie erkennbar dem Werk entnommen und einem neuen Werk zugrunde gelegt wird.

§ 31 Einräumung von Nutzungsrechten.
(1) Der Urheber kann einem anderen das Recht einräumen, das Werk auf einzelne oder alle Nutzungsarten zu nutzen (Nutzungsrecht). Das Nutzungsrecht kann als einfaches oder ausschließliches Recht eingeräumt werden.
(2) Das einfache Nutzungsrecht berechtigt den Inhaber, das Werk neben dem Urheber oder anderen Berechtigten auf die ihm erlaubte Art zu nutzen.
(3) Das ausschließliche Nutzungsrecht berechtigt den Inhaber, das Werk unter Ausschluß aller anderen Personen einschließlich des Urhebers auf die ihm erlaubte Art zu nutzen und einfache Nutzungsrechte einzuräumen. § 35 bleibt unberührt.
(4) Die Einräumung von Nutzungsrechten für noch nicht bekannte Nutzungsarten sowie Verpflichtungen hierzu sind unwirksam.
(5) Sind bei der Einräumung des Nutzungsrechts die Nutzungsarten, auf die sich das Recht erstrecken soll, nicht einzeln bezeichnet, so bestimmt sich der Umfang des Nutzungsrechts nach dem mit seiner Einräumung verfolgten Zweck.

§ 32 Beschränkung von Nutzungsrechten.
Das Nutzungsrecht kann räumlich, zeitlich oder inhaltlich beschränkt eingeräumt werden.

§ 39 Änderungen des Werkes.
(1) Der Inhaber eines Nutzungsrechts darf das Werk, dessen Titel oder Urheberbezeichnung (§ 10 Abs. 1) nicht ändern, wenn nichts anderes vereinbart ist.
(2) Änderungen des Werkes und seines Titels, zu denen der Urheber seine Einwilligung nach Treu und Glauben nicht versagen kann, sind zulässig.

Zweiter Abschnitt. Schutz der Lichtbilder

§ 72

(1) Lichtbilder und Erzeugnisse, die ähnlich wie Lichtbilder hergestellt werden, werden in entsprechender Anwendung der für Lichtbildwerke geltenden Vorschriften des Ersten Teils geschützt.

(2) Das Recht nach Absatz 1 steht dem Lichtbildner zu.

(3) Das Recht nach Absatz 1 erlischt fünfzig Jahre nach dem Erscheinen des Lichtbildes oder, wenn seine erste erlaubte öffentliche Wiedergabe früher erfolgt ist, nach dieser, jedoch bereits fünfzig Jahre nach der Herstellung, wenn das Lichtbild innerhalb dieser Frist nicht erschienen oder erlaubterweise öffentlich wiedergegeben worden ist. Die Frist ist nach § 69 zu berechnen.

Zweiter Abschnitt. Rechtsverletzungen

1. Bürgerlich-rechtliche Vorschriften; Rechtsweg

§ 97 Anspruch auf Unterlassung und Schadenersatz.

(1) Wer das Urheberrecht oder ein anderes nach diesem Gesetz geschütztes Recht widerrechtlich verletzt, kann vom Verletzten auf Beseitigung der Beeinträchtigung, bei Wiederholungsgefahr auf Unterlassung und, wenn dem Verletzer Vorsatz oder Fahrlässigkeit zur Last fällt, auch auf Schadenersatz in Anspruch genommen werden. An Stelle des Schadenersatzes kann der Verletzte die Herausgabe des Gewinns, den der Verletzer durch die Verletzung des Rechts erzielt hat, und Rechnungslegung über diesen Gewinn verlangen.

(2) Urheber, Verfasser wissenschaftlicher Ausgaben (§ 70), Lichtbildner (§ 72) und ausübende Künstler (§ 73) können, wenn

dem Verletzer Vorsatz oder Fahrlässigkeit zur Last fällt, auch wegen des Schadens, der nicht Vermögensschaden ist, eine Entschädigung in Geld verlangen, wenn und so weit es der Billigkeit entspricht.
(3) Ansprüche aus anderen gesetzlichen Vorschriften bleiben unberührt.

2. Strafrechtliche Vorschriften

§ 106 Unerlaubte Verwertung urheberrechtlich geschützter Werke.
(1) Wer in anderen als den gesetzlich zugelassenen Fällen ohne Einwilligung des Berechtigten ein Werk oder eine Bearbeitung oder Umgestaltung eines Werkes vervielfältigt, verbreitet oder öffentlich wiedergibt, wird mit Freiheitsstrafe bis zu drei Jahren oder mit Geldstrafe bestraft.
(2) Der Versuch ist strafbar.

Bürgerliches Gesetzbuch
Siebenter Titel. Werkvertrag und ähnliche Verträge

I. Werkvertrag

§ 631 [Wesen des Werkvertrags]
(1) Durch den Werkvertrag wird der Unternehmer zur Herstellung des versprochenen Werkes, der Besteller zur Entrichtung der vereinbarten Vergütung verpflichtet.
(2) Gegenstand des Werkvertrags kann sowohl die Herstellung oder Veränderung einer Sache als ein anderer durch Arbeit oder Dienstleistung herbeizuführender Erfolg sein.

7.

§ 632 [Vergütung]

(1) Eine Vergütung gilt als stillschweigend vereinbart, wenn die Herstellung des Werkes den Umständen nach nur gegen eine Vergütung zu erwarten ist.

(2) Ist die Höhe der Vergütung nicht bestimmt, so ist bei dem Bestehen einer Taxe die taxmäßige Vergütung, in Ermangelung einer Taxe die übliche Vergütung als vereinbart anzusehen.

7.3 Quellenverzeichnis

- BDG-Honorarempfehlungen, o. O., o. J.
- Goetz Buchholz, Ratgeber Freie – Kunst und Medien, Stuttgart 1998
- Hermann J. Fischer/Steven A. Reich (Hrsg.), Der Künstler und sein Recht, München 1992
- Friedrich Karl Fromm/Wilhelm Nordemann, Urheberrecht, Stuttgart 1986
- Lutz Hackenberg, Die Abwicklung des Grafik-Design-Auftrages, Braunschweig 1995 (AGD-Sachinformationen)
- Dietrich Harke, Urheberrecht. Fragen und Antworten, Köln 1997
- Wolfgang Maaßen, Grundlagen der Berufsausübung selbständiger Designer, Düsseldorf 1990
- *ders.*, Kunst oder Gewerbe?, Heidelberg 1996
- *ders.*, Das Urheberrecht des Designers, Braunschweig 1997 (AGD-Sachinformationen)
- *ders.*, Urheberrechtsverletzungen im Bereich Design, Braunschweig 1988 (AGD-Sachinformationen)

- Margarethe May, Der Grafik-Design-Auftrag, Braunschweig 1995
- *dies.*, Rechtsprechung zum Design-Recht, Braunschweig 1992 (AGD-Sachinformationen)
- *dies.*, Der Schutz des Designs oder Wettbewerb ist nicht schrankenlos, Braunschweig 1994 (AGD-Sachinformationen)
- Anja Preusker, Ein Handbuch für Business im Grafik-Design, Stuttgart 1996
- Rainer Schmidt, Urheberrecht und Vertragspraxis des Grafik-Designers, Braunschweig 1983
- Stephan Schmidt, Werbung und Recht von A bis Z, Hamburg 1993
- Tarifvertrag für Designleistungen SDSt/AGD, Braunschweig 1998
- Sabine Zentek, Ein Handbuch für Recht in Kunst und Design, Stuttgart 1998

8. Adressen

Deutschland

ADC Art Directors Club für Deutschland
Melemstraße 22
D 60322 Frankfurt/Main
Telefon 069–596 40 09
Fax   069–596 46 02
email   adc@adc.de
Internet   www.adc.de

AGD Allianz deutscher Designer
Steinstraße 3
D 38100 Braunschweig
Telefon 0531–1 67 57
Fax   0531–1 69 89
email   info@agd.de
Internet   www.agd.de

BDG Bund Deutscher Grafik-Designer
     Bundesgeschäftsstelle
Flurstraße 30
D 22549 Hamburg
Telefon 040–83 29 30 43
Fax   040–83 29 30 42
email   info@bdg-deutschland.de
Internet   www.bdg-deutschland.de

BFF Bund Freischaffender Foto-Designer
Tuttlinger Straße 95
D 70619 Stuttgart
Telefon 0711–47 34 22
Fax   0711–47 52 80
email   bbf_de@csi.com
Internet   http://bff-pilot.igd.fhg.de

DDC Deutscher Designer Club
Schloß Harkotten
D 48336 Sassenberg
Telefon 05426–9 49 20
Fax   05426–94 92 89

DDV   Deutscher Designerverband
Zettachring 6
D 70567 Stuttgart
Telefon 0711-728 53 03
Fax   0711-728 56 36

kommunikationsverband.de
Adenauerallee 118
D 53113 Bonn
Telefon 0228-94 91 30
Fax   0228-94 91 31 3
email   info@kommunikations-
         verband.de
Internet   www.kommunikations-
            verband.de

TGM   Typographische Gesellschaft München
Banatstraße 11
D 81377 München
Telefon 089-71 47 33 3
Fax   089-71 53 01
email   heitzer@tgm-online.de
Internet   www.tgm-online.de

VDID   Verband Deutscher Industrie-Designer
Zettachring 6
D 70567 Stuttgart
Telefon 0711-728 53 03
Fax   0711-728 56 36

VG   Bild-Kunst
      Verwertungsgesellschaft Bild-Kunst
Weberstraße 61
D 53113 Bonn
Telefon 0228-91 53 40
Fax   0228-91 53 43 9
email   info@bildkunst.de

VGD   Verband der Grafik-Designer
Rykestraße 2
D 10405 Berlin
Telefon 030-441 13 13
Fax   030-441 13 15

8.

Schweiz

AGI   Alliance Graphique Internationale
Limmatstraße 63
CH 8005 Zürich
Telefon 0041-1-272 58 38
Fax   0041-1-272 76 78
email   info@sgd.ch
Internet www.sgd.ch

SGD   Swiss Graphic Designers
Limmatstraße 63
CH 8005 Zürich
Telefon 0041-1-272 45 55
Fax   0041-1-272 52 82
email   info@sgd.ch
Internet www.sgd.ch

SGV   Schweizer Grafiker Verband
Schulhausstraße 64
CH 8002 Zürich
Telefon 0041-1-12 01 07 37
Fax   0041-1-12 01 07 37

SID   Schweizerischer Verband
       Industrial Designers
Weinbergstraße 31
CH 8006 Zürich
Telefon 0041-1-262 03 11
Fax   0041-1-262 29 96

SVG   Schweizerischer Verband
       für Gestaltung
Eggstraße 55
CH 8102 Oberengstringen
Telefon 0041-1-750 01 01

Österreich

DA   Design Austria e.V.
Kandlgasse 16
A 1070 Wien
Telefon 0043-1-52 44 94 90
Fax   0043-1-52 44 94 94
email   info@designaustria.at
Internet   www.designaustria.at

IIID   International Institute
       for Information Design
Joerger 22.2
A 1170 Wien
Telefon 0043-1-403 66 62
Fax   0043-1-408 83 47

Praktisch unverzichtbar:

Rido Busse
Was kostet Design?
Honorarkalkulation für Designer
und ihre Auftraggeber.
Mit Tabellen und Berechnungs-
beispielen

Praxis Reihe Band 2
128 Seiten, 10 Abbildungen
2. Auflage: Februar 1999

14,5 x 21 cm, Hardcover
DM 88,–/ÖS 650,–/sFr 80,–
ISBN 3-931317-08-0

Was Industrie-Designer leisten können und wie dies vergütet wird, dafür gibt es weder verbindliche Regeln noch Preislisten. Je nach Anforderung, Konkurrenzsituation und Verhaltensgeschick differieren Honorare erheblich. Rido Busse zeigt, worauf bei Honorarkalkulationen zu achten ist und welche typischen Fehler zu unangenehmen Überraschungen führen. Designer erfahren, wie Preisverhandlungen zur Basis für eine langfristige Kundenbindung genutzt werden können; Auftraggeber bekommen Einblick in die verschiedenen Phasen des Designprozesses. Tabellen und Muster-Kalkulationen machen das Buch für Praktiker unentbehrlich.

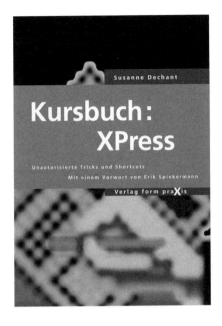

Susanne Dechant
Kursbuch XPress
Unautorisierte Tricks und
Shortcuts
Mit einem Vorwort von
Erik Spiekermann

Praxis Reihe Band 3
ca. 160 Seiten,
ca. 150 farbige Abbildungen
enthält Übersichtstabellen
aller wesentlichen Importwege
April 1998

14,5 x 21 cm
DM 88,–/ÖS 650,–/sFr 80,–
ISBN 3-931317-53-6

Mit dem neuen XPress 4.0 behauptet Quark seine Führungsposition unter den Layout-Herstellern. Doch das tatsächliche Potential dieser populären Software wird von Anwendern nur selten ausgeschöpft.

Susanne Dechant – praktizierende Grafikerin, versierte und überzeugte XPresserin – zeigt zeitsparende Shortcuts auf, vergleicht Text- und Bildimportmöglichkeiten und warnt vor gängigen Fehlschlüssen.

Ein Quickfinder. Ein Index für schnelle Leute. Ein Daumenkino, das neben dem Bildschirm liegt.

Weitere Titel der Praxisreihe

Helge Aszmoneit
Design-Wettbewerbe
Planen – Teilnehmen – Gewinnen

Praxis-Reihe Band 4
ca. 160 Seiten
Juli 1999

14,5 x 21 cm, Hardcover
DM 88,–/ÖS 650,–/sFr 80,–
ISBN 3-931317-09-9

Das Angebot der Wettbewerbe ist unüberschaubar. Mit Design-Wettbewerbe haben Sie die erste Hürde genommen: Helge Aszmoneit stellt die wichtigsten deutschen und internationalen Wettbewerbe für Industriedesign sowie ausgewählte Wettbewerbe für den Bereich Visuelle Kommunikation vor. Das Buch nennt die aktuellen Kontaktadressen von ca. 70 Wettbewerben und informiert über Teilnahmebedingungen, zugelassene Arbeiten, Teilnahmegebühren und Beurteilungskriterien – eine wertvolle Entscheidungshilfe für Unternehmen, Designer und Studierende.

Diese und viele andere Bücher zum Thema Design erscheinen im Verlag form

Hartmut Ginnow-Merkert
Designer online
**Lohnt sich der Einstieg
ins Internet?**

Praxis Reihe Band 1
148 Seiten, 16 farbige Abbildungen
erschienen: Mai 1997

14,5 x 21 cm
DM 48,–/ÖS 350,–/sFr 48,–
ISBN 3-931317-07-2

Das Internet ist ein junges Medium, und die Einschätzung künftiger Entwicklungen schwierig. Frei von blindem Technik-Enthusiasmus und konservativer Skepsis beschreibt Hartmut Ginnow-Merkert knapp, informativ und anschaulich, was das Internet für Designer zu bieten hat.

**Verlag form
Hanauer Landstraße 161
60314 Frankfurt am Main
Fon 49 (0) 69 94 33 25 - 0
Fax 49 (0) 69 94 33 25 - 25
www.form.de
e-Mail: form@form.de**